Peter Jacobs, Michael Preuße

Kompaktwissen AEVO

in vier Handlungsfeldern

Übungsaufgaben mit Lösungen

3. Auflage

Bestellnummer 04938

Bildungsverlag EINS

Umschlagfoto: Yuri Arcurs/fotolia.com

service@bv-1.de
www.bildungsverlag1.de

Bildungsverlag EINS GmbH
Ettore-Bugatti-Straße 6-14, 51149 Köln

ISBN 978-3-427-**04938**-8

Inhalt

Bitte Hinweis beachten

Hinweis der Autoren:
Dieses Übungsbuch dient der Ergänzung des Fachbuchs „Kompaktwissen AEVO in vier Handlungsfeldern“ (Bestellnummer 04935). Da die vielen prüfenden zuständigen Stellen ihre schriftliche AEVO-Prüfung in der Art der Frageform sehr unterschiedlich gestalten, deckt dieses Übungsbuch inhaltlich zwar die AEVO insgesamt ab, kann aber nicht exakt auf die sehr unterschiedlichen Frageformgestaltungen eingehen. Ziel dieses Übungsbuchs ist deswegen in erster Linie, dass die Teilnehmer von AEVO-Lehrgängen ihr erworbenes Wissen vor einer AEVO-Prüfung überprüfen können.

Handlungsfeld 1: Ausbildungsvoraussetzungen prüfen und Ausbildung planen

Inhalte

- Vorteile und Nutzen betrieblicher Ausbildung
- Strukturen des Berufsbildungssystems
- Planung des betrieblichen Ausbildungsbedarfs
- Ausbildungsberufe auswählen
- Beteiligte und Mitwirkende an der Ausbildung
- Eignung des Ausbildungsbetriebs

1. Das Berufsbildungsgesetz (BBiG) regelt die berufliche Bildung in der Bundesrepublik Deutschland. Welche Bildungsbereiche umfasst das BBiG?
(Anzahl der richtigen Antworten: 3)

a. Die berufliche (Erst-)Ausbildung ☐
b. Den begleitenden Berufschulunterricht ☐
c. Die berufliche (Aufstiegs- und Anpassungs-)Fortbildung ☐
d. Die berufliche Umschulung ☐
e. Die Weiterbildung ☐

2. Wo gilt das BBiG?
(Anzahl der richtigen Antworten: 1)

a. In der systematischen Ausbildung in einem Betrieb ☐
b. In der schulischen Monoausbildung in einem Beruf ☐
c. In der Ausbildung in einem öffentlich-rechtlichen Dienstverhältnis ☐

3. Was regelt das BBiG innerhalb der beruflichen Bildung insbesondere?
(Anzahl der richtigen Antworten: 2)

Das BBiG regelt …

a. … die Berufsausbildung in der Wirtschaft. ☐
b. … die Ausbildung in einer berufsbildenden Schule. ☐
c. … alle beruflichen Aus- und Fortbildungsgänge. ☐
d. … die Beschäftigung von Jugendlichen. ☐
e. … die Berufsausbildung von Pflegepersonal. ☐
f. … die berufliche Umschulung. ☐

4. In den deutschsprachigen Ländern wird die Ausbildung in Form des Dualen Systems durchgeführt. Wodurch zeichnet sich das Duale System der Ausbildung aus?
(Anzahl der richtigen Antworten: 1)

a. Durch die Zusammenarbeit der Betriebe mit allen berufsbildenden Schulen ☐

b. Durch die Ausbildung in einer staatlichen Berufsfachschule ☐

c. Durch die Ausbildung in einem Betrieb ☐

d. Durch die Zusammenarbeit des Betriebs mit der Berufsschule ☐

e. Durch die Zusammenarbeit des Betriebs mit der Kammer ☐

f. Durch die Zusammenarbeit der Berufsschule mit den allgemeinbildenden Schulen ☐

5. Das Duale System ist gekennzeichnet durch bestimmte Begrifflichkeiten. In der folgenden Auflistung werden Begriffe genannt, die dem Betrieb zuzuordnen sind:

1. Auszubildender
2. Ausbilder
3. Ausbildungsrahmenplan
4. BBiG
5. Berufsausbildungsvertrag
6. Zuständige Stelle
7. Arbeitgeber- und Arbeitnehmervertreter
8. Wirtschaft

Überlegen Sie nun, welche betrieblichen Begrifflichkeiten denen der Berufsschule gegenüberzustellen sind, indem Sie die zugehörige Ziffer in das Antwortkästchen eintragen.

a. Finanzierung durch die Länder ☐

b. Lehrer als stimmberechtigter Partner ☐

c. Keine vertragliche Verpflichtung ☐

d. Rahmenlehrplan ☐

e. Berufsschüler ☐

f. Berufsschullehrer ☐

g. Schulgesetz ☐

h. Schulbehörde ☐

6. Welche Aufgaben hat die Berufsschule als Kooperationspartner im Dualen System?
(Anzahl der richtigen Antworten: 3)

a. Vermittlung von Fertigkeiten ☐
b. Erziehung zum demokratischen Staatsbürger ☐
c. Durchführung von Berufsorientierungsmaßnahmen ☐
d. Vermittlung von Fachwissen ☐
e. Unterricht nach Ausbildungsrahmenplan ☐
f. Weiterführung der Allgemeinbildung ☐

7. Sie sollten die Zuständigkeiten im Dualen System kennen. Insbesondere müssen Bundes- und Landesgesetze innerhalb eines Ausbildungsverhältnisses beachtet werden.
Setzen Sie in das jeweilige Antwortkästchen
eine **1**, wenn das genannte Merkmal durch ein Bundesgesetz geregelt ist,
eine **2**, wenn das genannte Merkmal durch ein Landesgesetz geregelt ist.

a. Ausbildungsordnung ☐
b. Ausbildungsrahmenplan ☐
c. Zuständige Stelle ☐
d. Rahmenlehrplan ☐
e. Pausenzeiten bei jugendlichen Auszubildenden ☐
f. Prüfungsanforderungen ☐
g. Betrieblicher Ausbildungsplan ☐
h. Berufsschule ☐

8. Ausbilden bedeutet nicht nur die Vermittlung von Fertigkeiten und Kenntnissen, sondern auch das erzieherische Hinführen zur Handlungskompetenz. Aus welchem Paragrafen des Berufsbildungsgesetzes wird dieser Ausbildungs- und Erziehungsauftrag abgeleitet?
(Anzahl der richtigen Antworten: 1)

a. § 11 (Berufsausbildungsverhältnis, Vertragsniederschrift) ☐
b. § 14 (Pflichten des Ausbildenden, Berufsausbildung) ☐
c. § 13 (Pflichten des Auszubildenden, Verhalten während der Berufsausbildung) ☐
d. § 29 (Persönliche Eignung) ☐
e. § 27 (Eignung der Ausbildungsstätte) ☐

9. Um einen Berufsausbildungsvertrag (BAV) abschließen zu können, müssen bestimmte rechtliche Voraussetzungen erfüllt werden. Welche Mindestvoraussetzung muss ein Bewerber für einen Ausbildungsplatz erfüllen?
(Anzahl der richtigen Antworten: 1)

a. Hauptschulabschluss ☐
b. Erfüllung der neun- bzw. zehnjährigen Vollzeitschulpflicht ☐
c. Realschulabschluss ☐
d. Keine ☐
e. Allgemeine Hochschulreife ☐
f. Bestehen eines Einstellungstests ☐

10. Welche rechtliche Voraussetzung muss der <u>Ausbildende</u> mindestens erfüllen, um Auszubildende einstellen zu können?
(Anzahl der richtigen Antworten: 1)

a. Hauptschulabschluss und abgeschlossene Ausbildung ☐
b. Bestehen der AEVO-Prüfung ☐
c. Mindestens 24 Jahre alt sein ☐
d. Persönlich geeignet sein ☐
e. Berufsausbildung im Ausbildungsberuf ☐
f. Einen Ausbilder eingestellt haben ☐

11. Welche rechtlichen Voraussetzungen (Eignungen) muss der <u>Ausbilder</u> erfüllen, um Auszubildende ausbilden zu können?
(Anzahl der richtigen Antworten: 4)

a. Hauptschulabschluss und abgeschlossene Ausbildung ☐
b. Berufs- und arbeitspädagogische Fähigkeiten ☐
c. Angemessene Berufserfahrung ☐
d. Persönlich geeignet sein ☐
e. Berufsausbildung im Ausbildungsberuf ☐
f. Die Eignung der Ausbildungsstätte muss vorhanden sein. ☐

12. Welche der nachfolgenden Personen bzw. Personenkreise werden im Berufsbildungsgesetz erwähnt?
(Anzahl der richtigen Antworten: 5)

a. Der Ausbildende ☐
b. Der Berufsschullehrer ☐
c. Der Ausbilder ☐
d. Die Fachkräfte (indirekt) ☐
e. Der Ausbilderarbeitskreis ☐
f. Der nebenamtliche Ausbilder ☐
g. Der Prüfungsausschuss ☐
h. Der Ausbildungsleiter ☐
i. Der Ausbildungsbeauftragte ☐
j. Der Ausbildungsberater ☐
k. Der Berufsberater ☐

13. Grundlagen für die Ausbildung in einem Betrieb sind planerische Vorgaben (Lernziele). Welche Unterlage beschreibt detailliert die Lernziele, die der Auszubildende in einem Betrieb erlernen soll?
(Anzahl der richtigen Antworten: 1)

a. Der Rahmenlehrplan ☐
b. Das Ausbildungsberufsbild ☐
c. Die Prüfungsanforderungen ☐
d. Die Prüfungsordnung ☐
e. Der Ausbildungsrahmenplan ☐
f. Der betriebliche Ausbildungsplan ☐

14. Welche Unterlage beschreibt detailliert die Lernziele, die der Auszubildende in der Berufsschule erlernen soll?
(Anzahl der richtigen Antworten: 1)

a. Der Rahmenlehrplan ☐
b. Das Ausbildungsberufsbild ☐
c. Die Prüfungsanforderungen ☐
d. Die Prüfungsordnung ☐
e. Der Ausbildungsrahmenplan ☐
f. Der betriebliche Ausbildungsplan ☐

15. Welche Stelle erlässt Ausbildungsordnungen, aus denen die planerischen Vorgaben zu entnehmen sind?
(Anzahl der richtigen Antworten: 1)

a. Die zuständige Stelle ☐

b. Das Bundesinstitut für Berufsbildung ☐

c. Das Bundesministerium für Wirtschaft und Energie oder das sonst zuständige Fachministerium ☐

d. Der Berufsbildungsausschuss ☐

e. Die Kultusministerkonferenz ☐

16. Aus den rechtlichen Vorgaben ergeben sich die Ziele für den ausbildenden Betrieb. Was sind die Ziele innerhalb der betrieblichen Erstausbildung?
(Anzahl der richtigen Antworten: 3)

a. Vermitteln von Allgemeinwissen ☐

b. Hinführen zur Handlungsfähigkeit ☐

c. Fördern von Schlüsselqualifikationen ☐

d. Erziehung zu Gehorsam und Dienstpflicht ☐

e. Vermitteln von Fertigkeiten und Kenntnissen ☐

17. Um ausbilden zu dürfen, müssen Ausbilder nach dem BBiG persönlich und fachlich geeignet sein. Welche rechtlichen Voraussetzungen muss der Ausbilder erfüllen?

Setzen Sie in das jeweilige Antwortkästchen

eine **1**, wenn die Voraussetzung die persönliche Eignung betrifft und sie damit erfüllt wird,

eine **2**, wenn die Voraussetzung die persönliche Eignung betrifft und sie damit **nicht** erfüllt wird,

eine **3**, wenn die Voraussetzung die fachliche Eignung betrifft und sie damit erfüllt wird,

eine **4**, wenn die Voraussetzung die fachliche Eignung betrifft und sie damit **nicht** erfüllt wird,

eine **5**, wenn die Voraussetzung weder die persönliche noch die fachliche Eignung betrifft.

Ein Ausbilder/eine Ausbilderin …

a. … hat nachweislich wiederholt gegen das BBiG verstoßen. ☐
b. … hat keine Berufserfahrung. ☐
c. … hat eine abgeschlossene Berufsausbildung. ☐
d. … hat eine ein Jahr alte Vorstrafe wegen sexueller Belästigung. ☐
e. … ist bei der AEVO-Prüfung dreimal durchgefallen. ☐
f. … ist Mitglied der JAV. ☐
g. … hat erst nach der dritten Teilnahme die AEVO-Prüfung bestanden. ☐
h. … hat angemessene Berufserfahrung. ☐
i. … steht drei Monate vor der Entbindung. ☐

18. Aus den rechtlichen Vorgaben ergeben sich auch Pflichten für den Auszubildenden (§ 13 BBiG) und Ausbildenden (§ 14 BBiG). In der folgenden Auflistung werden die Pflichten des Ausbildenden aufgeführt:

1. Systematische Vermittlung von Fertigkeiten und Kenntnissen
2. Benennung weisungsberechtigter Personen
3. Aufsichtspflicht
4. Kontrolle der Berichtshefte
5. Bereitstellung von Ausbildungsmitteln
6. Urlaubsgewährung
7. Schutz vor körperlicher Gefährdung
8. Erstellungspflicht von Zeugnissen
9. Anmeldung und Freistellung zu Prüfungen

Ordnen Sie die Pflichten des Auszubildenden den o. g. Pflichten des Ausbildenden zu, indem Sie die zugehörige Ziffer in das Antwortkästchen eintragen.

a. Sich ärztlich untersuchen lassen ☐
b. Erholungspflicht ☐
c. Den Weisungen der Weisungsberechtigten folgen ☐
d. Einhaltung der Betriebsordnung ☐
e. Lernpflicht ☐
f. Berichtsheftführung ☐
g. Prüfungsteilnahme ☐
h. Pflegliche Behandlung von Arbeitsmitteln ☐
i. Verschwiegenheit und Treuepflicht ☐

19. Welcher der aufgeführten Mitarbeiter erfüllt die Eignung zum Ausbilden von Industriemechanikern uneingeschränkt?
(Anzahl der richtigen Antworten: 1)

a. Herr Hardt, 32 Jahre alt, Industriekaufmann, AEVO-Prüfung ☐
b. Frau Flege, 25 Jahre alt, Bürokauffrau ☐
c. Herr Peters, seit fünf Jahren als Industriemechaniker tätig, AEVO-Prüfung ☐
d. Frau Fach, 33 Jahre alt, keine Berufsausbildung ☐
e. Herr Weele, 18 Jahre alt, Industriemechaniker ☐

20. In der betrieblichen Ausbildung wirken verschiedene Personen bzw. Personenkreise mit.

Setzen Sie in das jeweilige Antwortkästchen

eine **1**, wenn die genannte Person bzw. der Personenkreis rechtlich im Berufsbildungsgesetz (BBiG) geregelt ist,

eine **2**, wenn die genannte Person bzw. der Personenkreis rechtlich im Schulgesetz (SchulG) geregelt ist,

eine **3**, wenn die genannte Person bzw. der Personenkreis entweder gar nicht oder weder im BBiG noch im SchulG rechtlich geregelt ist.

a. Ausbildungsberater ☐
b. Berufsschullehrer ☐
c. Ausbilder ☐
d. Ausbildungsleiter ☐
e. Lehrer für Fachpraxis ☐
f. Berufsberater ☐
g. Fachkräfte ☐
h. Prüfungsausschuss ☐
i. Ausbilderarbeitskreis ☐

21. Welche Aufgaben unterliegen einem Ausbildungsberater einer zuständigen Stelle?
(Anzahl der richtigen Antworten: 3)

a. Beratung von Ausbildungsplatzsuchenden ☐
b. Überwachung der Eignung des Ausbildungspersonals ☐
c. Beratung von Auszubildenden ☐
d. Überwachung des Mutterschutzgesetzes ☐
e. Kontrolle der Ausbildungsnachweise ☐
f. Beratung des Ausbildenden ☐

22. Die Arbeitswelt ist in einem ständigen Wandel und Anpassungsprozess. Damit sind auch Veränderungen innerhalb der Ausbildung verbunden, die von den ausbildenden Fachkräften und Ausbildern mitgestaltet werden müssen. Kreuzen Sie die richtigen Aussagen an.
(Anzahl der richtigen Antworten: 3)

a. Neben der Fachkompetenz hat heute die Sozialkompetenz eine hohe Bedeutung. ☐

b. Der Schwerpunkt der Ausbildung muss sich ausschließlich auf die Vermittlung von Fertigkeiten und Kenntnissen konzentrieren. ☐

c. Durch Automatisierung und Rationalisierung werden heute geringere Anforderungen an die Fachkräfte gestellt. ☐

d. Die Vorbildfunktion des Ausbilders ist besonders wichtig. ☐

e. In der heutigen Arbeitswelt wird immer mehr nur eine spezialisierte Berufsausbildung gefordert. ☐

f. Die erzieherische Aufgabe des Ausbilders ist heute zweitrangig. ☐

g. Die Handlungskompetenz wird in Ausbildungsordnungen näher beschrieben als selbstständiges „Planen, Durchführen und Kontrollieren". ☐

23. Durch eine Vielzahl von Gesetzen und Rechtsverordnungen ist die berufliche Bildung geregelt. Kreuzen Sie den Lösungsblock an, in dem alle Themenbereiche den entsprechenden Rechtsquellen richtig zugeordnet sind.

a. Tägliche Arbeitszeit ☐
Jugendschutzgesetz
Jugendlicher Arbeitgeber
Jugendarbeitsschutzgesetz
Berufswahlfreiheit
Grundgesetz
JAV
Betriebsverfassungsgesetz

b. Ausbildung, Fortbildung und Umschulung ☐
BBiG
Jugendlicher Arbeitnehmer
Jugendarbeitsschutzgesetz
Ausbildungsordnung
BBiG
Tägliche Arbeitszeit
Bundesurlaubsgesetz

c. Freistellung zur Berufsschule ☐
Jugendarbeitsschutzgesetz
Urlaubsdauer
Bundesurlaubsgesetz
Jugendlicher Arbeitnehmer
Jugendarbeitsschutzgesetz
Ausbildungsordnung
BBiG

→

d. Ausbildungsordnung
BBiG

Berufswahlfreiheit
Grundgesetz

Tägliche Arbeitszeit
Jugendschutzgesetz

Urlaubsdauer
Bundesurlaubsgesetz

24. Die Wirtschaft bildet aus den verschiedensten Gründen ihren eigenen Nachwuchs aus. Welche Gründe sprechen für die betriebliche Ausbildung von Auszubildenden gegenüber der Einstellung von Fachkräften vom Arbeitsmarkt?
(Anzahl der richtigen Antworten: 4)

a. Es minimiert das finanzielle Risiko einer Fehlbesetzung. ☐

b. Auszubildende können als billige Arbeitskräfte beschäftigt werden. ☐

c. Im Betrieb Ausgebildete identifizieren sich mehr mit dem Unternehmen. ☐

d. Es können eventuell hohe Einarbeitungskosten entfallen. ☐

e. Auszubildende können sofort nach der Ausbildung Führungspositionen übernehmen. ☐

f. Es entfallen Kosten für Personalbeschaffung und Anwerbung. ☐

25. Zahlreiche Rechtsvorschriften greifen in ein Ausbildungsverhältnis ein, die während der Ausbildungszeit berücksichtigt werden müssen. Hier eine Auswahl dieser Rechtsvorschriften:

1. Berufsbildungsgesetz
2. Jugendarbeitsschutzgesetz
3. Betriebsverfassungsgesetz
4. Mutterschutzgesetz
5. Ausbildungsordnung
6. Prüfungsordnung der zuständigen Stelle
7. Ausbildereignungsverordnung

Ordnen Sie die o. g. rechtlichen Normen den folgenden rechtlichen Regelungen zu, indem Sie die zugehörige Ziffer in das Antwortkästchen eintragen.

a. Mindestinhalte des Berufsausbildungsvertrags ☐
b. Dauer und Lage von Ruhepausen von Jugendlichen ☐
c. Den Weisungen der Weisungsberechtigten folgen ☐
d. Mitbestimmung des Betriebsrats bei der Durchführung der Ausbildung ☐
e. Unterweisung über Gefahren ☐
f. Befugnisse eines Ausbildungsberaters ☐
g. Kündigungsschutz von werdenden Müttern ☐
h. Rechte der Jugend- und Auszubildendenvertretung ☐
i. Berufs- und arbeitspädagogische Eignung ☐
j. Dauer der wöchentlichen Arbeitszeit von Jugendlichen ☐
k. Eignung der Ausbildungsstätte ☐
l. Prüfungsanforderungen in einer Abschlussprüfung ☐
m. Bewertungssystem für Prüfungsleistungen ☐
n. Dauer der Ausbildungszeit in einem bestimmten Ausbildungsberuf ☐
o. Lernpflicht des Auszubildenden ☐

26. Ein Ausbilder sollte innerhalb der Personalentwicklung eines Unternehmens langfristige Aussagen treffen, wie viele Auszubildende mit welcher Qualifikation in den nächsten Jahren einzustellen sind. Welche Faktoren sind Grundlage für solche Untersuchungen?
(Anzahl der richtigen Antworten: 4)

a. Anzahl der Mitarbeiter, die in den Ruhestand bzw. Vorruhestand gehen ☐
b. Entwicklung des Arbeitsmarkts ☐
c. Kündigungen von Führungskräften ☐
d. Innovative Entwicklung des Unternehmens ☐
e. Momentane Produktionsflaute ☐
f. Qualifikation der vorhandenen Mitarbeiter ☐
g. Anzahl der Auszubildenden, die sich in der Ausbildung befinden ☐

27. Unterschiedliche Bedürfnisse führen dazu, dass

- **seitens des Staates ein Interesse besteht, dass Ausbildungsplätze angeboten werden,**
- **seitens der Wirtschaft ein Interesse besteht, dass der eigene Nachwuchs ausgebildet wird,**
- **seitens der Schulabgänger ein Interesse besteht, dass sie eine qualifizierte Ausbildung erhalten.**

Welche Aussagen sind richtig?
(Anzahl der richtigen Antworten: 6)

Bedürfnisse des Staates:

a. Jugendarbeitslosigkeit verhindern ☐

b. Überfüllte, kostenträchtige Hochschulen entlasten ☐

c. Bildungsniveau anheben ☐

Bedürfnisse der Wirtschaft:

d. Zum sozialen Gemeinwohl beitragen ☐

e. Langfristig Wettbewerbsvorteile aufbauen ☐

f. Identifikation der Mitarbeiter erhöhen ☐

Bedürfnisse der Schulabgänger:

g. Eventuell Grundlage für ein späteres Studium schaffen ☐

h. Lernen, einen geregelten Arbeitstag zu überstehen ☐

i. Berufliche Einordnung und Identität finden ☐

28. Ein Ausbilder erfüllt in einem Unternehmen mehrere Funktionen und Rollen. Welche der aufgeführten Funktions- oder Rollenbeschreibungen charakterisiert die Rolle des Erziehers?
(Anzahl der richtigen Antworten: 1)

a. Ist selbst Weisungsempfänger ☐

b. Setzt sich für die Auszubildenden ein ☐

c. Ermittelt den quantitativen Nachwuchsbedarf ☐

d. Erfüllt die ihm übertragene Fürsorgepflicht ☐

e. Ist weisungsberechtigter Partner ☐

f. Ist ein Idol für die Auszubildenden ☐

g. Fördert persönliche und soziale Fähigkeiten ☐

h. Vermittelt Fertigkeiten und Kenntnisse ☐

i. Besitzt Fachkenntnisse und Erfahrung ☐

29. Ein Ausbilder erfüllt in einem Unternehmen mehrere Funktionen und Rollen. Welche der aufgeführten Funktions- oder Rollenbeschreibungen charakterisiert die Rolle des Vorgesetzten?
(Anzahl der richtigen Antworten: 1)

a. Ist selbst Weisungsempfänger ☐
b. Setzt sich für die Auszubildenden ein ☐
c. Ermittelt den quantitativen Nachwuchsbedarf ☐
d. Erfüllt die ihm übertragene Fürsorgepflicht ☐
e. Ist weisungsberechtigt ☐
f. Lebt Ideale im Alltag vor ☐
g. Fördert persönliche und soziale Fähigkeiten ☐
h. Vermittelt Fertigkeiten und Kenntnisse ☐
i. Besitzt Fachkenntnisse und Erfahrung ☐

30. Innerhalb oder außerhalb des Betriebs sind noch weitere Personen oder Personenkreise an der Ausbildung beteiligt:

1. Fachkräfte
2. Betriebsrat
3. Jugend- und Auszubildendenvertretung
4. Ausbildungsberater der zuständigen Stelle
5. Berufsberater
6. Prüfungsausschuss

Ordnen Sie die folgenden typischen Aufgaben- oder Tätigkeitsmerkmale den oben stehenden Personen oder Personenkreisen zu, indem Sie die zugehörige Ziffer in das Antwortkästchen eintragen.

a. Berät Ausbildungsplatzsuchende ☐
b. Hat Mitbestimmung bei der Durchführung der Ausbildung ☐
c. Vermittelt am Arbeitsplatz Fertigkeiten und Kenntnisse ☐
d. Vertritt die Belange der Auszubildenden ☐
e. Berät Ausbilder bei Fragen zur Planung der Ausbildung ☐
f. Führt Berufseignungstests durch ☐
g. Führt die Zwischenprüfung durch ☐
h. Erstellt das Prüfungsprotokoll ☐
i. Überwacht die Einhaltung der zugunsten von Jugendlichen und Auszubildenden geltenden Normen ☐
j. Überprüft die ausbildenden Betriebe ☐
k. Ist Ansprechpartner der JAV ☐
l. Ist weisungsberechtigter Partner des Auszubildenden ☐

31. Trotz der Kulturhoheit der Länder im schulischen Bereich haben wir in Deutschland ein einheitliches dreigliedriges Schulwesen. Ein Ausbilder sollte sich innerhalb des Schulwesens auskennen, da er Ausbildungsplatzbewerber auswählen, eventuell schulische Vorleistungen anrechnen und während der Ausbildung auf unterschiedliches Lernverhalten eingehen muss.

Im Folgenden sind verschiedene mögliche Schulabschlüsse aufgelistet:

1. Hauptschulabschluss
2. Realschulabschluss
3. Allgemeine Fachhochschulreife
4. Allgemeine Hochschulreife
5. Schulischer Teil der Fachhochschulreife
6. Berufsschulabschluss
7. Berufsfachschulabschluss
8. Diplom/Master/Bachelor

Ordnen Sie nun den folgenden allgemein- und berufsbildenden Schulen den Schulabschluss zu, der für diese Schulform typisch ist, indem Sie den zugehörigen Buchstaben in das Antwortkästchen eintragen.

a. Fachoberschule (FOS) ☐

b. Realschule ☐

c. Gymnasium (Klasse 12) ☐

d. Bestehen des Abiturs am Gymnasium ☐

e. Berufsschule ☐

f. Hauptschule ☐

g. Fachhochschule/Hochschule ☐

h. Berufsfachschule ☐

32. Das Berufsbildungsgesetz schreibt für jeden anerkannten Ausbildungsberuf eine entsprechende Ausbildungsordnung vor. Welchen Stellenwert hat die Ausbildungsordnung?
(Anzahl der richtigen Antworten: 1)

a. Neben der korrekten Berufsbezeichnung enthält die Ausbildungsordnung nur unverbindliche Empfehlungen. ☐

b. Die Ausbildungsordnung beschreibt die wesentlichen Inhalte des Berufsschulstoffs, insbesondere die der allgemeinbildenden Fächer. ☐

c. Neben dem Berufsbildungsgesetz ist die Ausbildungsordnung eine der wichtigsten rechtlichen Grundlagen für die betriebliche Ausbildung. ☐

33. Das Berufsbildungsgesetz schreibt für jeden anerkannten Ausbildungsberuf eine entsprechende Ausbildungsordnung vor. Was sind die Mindestinhalte einer Ausbildungsordnung?
(Anzahl der richtigen Antworten: 4)

a. Aussagen über die Höhe der Ausbildungsvergütung ☐

b. Zahl und Lage der Zwischenprüfungen innerhalb der Ausbildung ☐

c. Verkürzungsmöglichkeiten aufgrund von allgemeinbildenden Schulabschlüssen ☐

d. Anleitung zur sachlichen und zeitlichen Gliederung der Ausbildung ☐

e. Prüfungsfächer ☐

f. Aussagen über die zu vermittelnden Inhalte in der Berufsschule ☐

g. Dauer der Ausbildungszeit ☐

h. Aussagen über die geforderten Schulabschlüsse von Auszubildenden ☐

34. Ein Mindestinhalt der Ausbildungsordnung schreibt detailliert die Kenntnisse und Fertigkeiten vor, die mindestens zu vermitteln sind. Wie nennt man diesen speziellen Inhalt der Ausbildungsordnung?
(Anzahl der richtigen Antworten: 1)

a. Ausbildungsleitbild ☐

b. Ausbildungsrahmenplan ☐

c. Ausbildungsberufsbild ☐

d. Ausbildungsinhaltsangabe ☐

35. Ein weiterer Mindestinhalt der Ausbildungsordnung befasst sich mit der regulären Dauer der Ausbildung. Welche Aussage trifft das Berufsbildungsgesetz hinsichtlich der Ausbildungsdauer?
(Anzahl der richtigen Antworten: 1)

a. Die Ausbildungsdauer beträgt immer drei Jahre. ☐

b. Die Ausbildungsdauer soll nicht weniger als ein Jahr und darf nicht mehr als zwei Jahre betragen. ☐

c. Die Ausbildungsdauer soll nicht weniger als zwei Jahre und nicht mehr als drei Jahre betragen. ☐

36. Was stellt das Ausbildungsberufsbild dar?
(Anzahl der richtigen Antworten: 1)

a. Eine Inhaltsangabe der Berufsausbildung, d. h. eine grobe Auflistung der Kenntnisse, Fertigkeiten und Fähigkeiten, die Gegenstand der Berufsausbildung sind ☐

b. Eine Auswahl an Kenntnissen und Fertigkeiten, aus denen der Ausbildungsbetrieb die für ihn nützlichen auswählen und entsprechend vermitteln kann ☐

c. Eine präzise Auflistung der Kenntnisse und Fertigkeiten, die in Betrieb und Berufsschule zu vermitteln sind ☐

d. Das Image, das ein bestimmter Ausbildungsberuf in der Gesellschaft hat ☐

37. Wozu dient der Ausbildungsrahmenplan?
(Anzahl der richtigen Antworten: 1)

a. Als Anleitung zur sachlichen und zeitlichen Gliederung dient dieser den Ausbildern zur Erstellung des betrieblichen Ausbildungsplans. ☐

b. Er gilt nur für die überbetriebliche Ausbildung und gibt dem dortigen Ausbilder Hinweise auf die zu vermittelnden Kenntnisse und Fertigkeiten. ☐

c. Er gibt dem Auszubildenden Handlungsanleitung zur Führung des Ausbildungsnachweises. ☐

38. Wer erlässt die Ausbildungsordnungen?
(Anzahl der richtigen Antworten: 1)

a. Die zuständige Stelle ☐

b. Der zuständige Fachminister im Einvernehmen mit dem Bundesminister für Bildung und Forschung ☐

c. Die Kultusministerkonferenz ☐

d. Der jeweilige Kultusminister eines Bundeslandes ☐

39. Es gibt verschiedene Formen der Ausbildungsordnungen. Welche sind das?
(Anzahl der richtigen Antworten: 3)

a. Dualisierte Berufe ☐

b. Monoberufe mit Spezialisierung ☐

c. Ausbildungsordnungen mit separater Sockelqualifikation ☐

d. Stufenausbildung ☐

e. Monoberufe ☐

40. Wodurch ist die Stufenausbildung gekennzeichnet?
(Anzahl der richtigen Antworten: 1)

a. Nach einer breiten Grundausbildung findet keine differenzierte Fachausbildung statt; die Ausbildung mündet in einen einheitlichen Berufsabschluss. ☐

b. Die Grundbildung findet grundsätzlich nur in Berufsschule und überbetrieblicher Ausbildungsstätte statt. ☐

c. Die Stufenausbildung gliedert sich in berufliche Grundbildung, allgemeine berufliche Fachbildung und besondere berufliche Fachbildung. Es kann durch die jeweilige Ausbildungsordnung bestimmt werden, dass nach den einzelnen Stufen Prüfungen abgelegt werden müssen. ☐

41. Wann gilt eine Ausbildungsstätte nach dem Berufsbildungsgesetz als grundsätzlich geeignet?
(Anzahl der richtigen Antworten: 2)

a. Es müssen für alle Auszubildenden entsprechende Pausen- oder Ruheräume vorhanden sein. ☐

b. Es müssen Arbeitsmittel (Maschinen, Geräte etc.) vorhanden sein, die eine ordnungsgemäße Ausbildung gewährleisten. ☐

c. Es müssen pro Auszubildendem mindestens ein Ausbilder und eine Fachkraft zur Verfügung stehen. ☐

d. Es muss im Allgemeinen gewährleistet sein, dass die durch die Ausbildungsordnung vorgeschriebenen Kenntnisse und Fertigkeiten im Ausbildungsbetrieb vermittelt werden können. ☐

e. Für die gewerblich-technische Ausbildung sind zwingend Ausbildungswerkstätten als Lernorte vorgeschrieben. ☐

f. Es müssen im Ausbildungsbetrieb Ausbildungsordnungen für die entsprechenden Ausbildungsberufe vorhanden sein. Betriebliche Ausbildungspläne sind nicht zwingend für die Eignung der Ausbildungsbetriebe vorgeschrieben. ☐

42. Ein Betrieb kann einige der vorgeschriebenen Kenntnisse und Fertigkeiten nicht vermitteln. Kann trotz dieser Eignungsmängel Ausbildung betrieben werden?
(Anzahl der richtigen Antworten: 2)

a. Nein, das sieht das Berufsbildungsgesetz nicht vor. Es müssen alle vorgeschriebenen Inhalte in der Ausbildungsstätte vermittelt werden. ☐

b. Ja, wenn diese Eignungsmängel durch außerbetriebliche Ausbildung kompensiert werden können. ☐

c. Ja, da in der Abschlussprüfung nur die im Betrieb vermittelten Kenntnisse und Fertigkeiten geprüft werden. ☐

d. Ja, wenn der Auszubildende gewährleisten kann, sich die nicht vermittelten Kenntnisse und Fertigkeiten in seiner Freizeit und auf eigene Kosten selbst anzueignen. ☐

e. Ja, wenn die Eignungsmängel in überbetrieblicher Ausbildung ausgeglichen werden können. ☐

f. Ja, wenn diese gegen Gebühr in der Berufsschule vermittelt werden können. ☐

43. Welche Institution ist für die Überwachung der Eignung der Ausbildungsstätte zuständig?
(Anzahl der richtigen Antworten: 1)

a. Die nach Landesrecht zuständige Behörde ☐

b. Das zuständige Fachministerium ☐

c. Die zuständige Stelle ☐

d. Die zuständige Agentur für Arbeit ☐

44. Wer ist betrieblicherseits für die Eignung der Ausbildungsstätte verantwortlich?
(Anzahl der richtigen Antworten: 1)

a. Der Auszubildende ☐

b. Der Ausbilder ☐

c. Der Ausbildende ☐

d. Der Vorsitzende des gesetzlich vorgeschriebenen Ausschusses für Ausbildungsfragen im Betrieb ☐

e. Alle Mitglieder des oben genannten Ausschusses ☐

45. Der Ausbildungsberater stellt bei der Überprüfung eines Ausbildungsbetriebs Mängel fest. Welche Konsequenzen kann das zunächst mit sich führen?
(Anzahl der richtigen Antworten: 1)

a. Der Name des Betriebs wird im Bundesanzeiger veröffentlicht. ☐

b. Die zuständige Stelle versucht sofort, für die Auszubildenden Ersatzausbildungsplätze in anderen Betrieben zu beschaffen. ☐

c. Der Betrieb wird verwarnt; weitere Konsequenzen gibt es nicht. ☐

d. Dem Betrieb wird sofort die Ausbildungsbefugnis entzogen. ☐

e. Der Ausbildungsberater räumt dem Betrieb eine Frist zum Beheben der Mängel ein. ☐

f. Der Ausbildende erhält eine Vorladung zur Anhörung beim Ausschuss für Ausbildungsmängel bei der zuständigen Stelle. ☐

46. Welche der nachstehend aufgeführten Lernorte gelten für gewerblich-technische Auszubildende als innerbetrieblich?
(Anzahl der richtigen Antworten: 2)

a. Lernecke ☐

b. Berufsschule ☐

c. Ausbildungswerkstatt ☐

d. Kantine ☐

e. Mitarbeiterparkplatz ☐

Lösungen

1: a, c, d
2: a
3: a,f
4: d
5: a8, b7, c5, d3, e1, f2, g4, h6
6: b, d, f
7: a1, b1, c1, d2, e1, f1, g1, h2
8: b
9: b
10: d
11: b, c, d, e
12: a, c, d, g, j
13: e
14: a
15: c
16: b, c, e
17: a2, b4, c3, d2, e4, f5, g3, h3, i5
18: a7, b6, c2, d3, e1, f4, g9, h5, i8
19: c
20: a1, b2, c1, d3, e2, f3, g1, h1, i3
21: b, c, f
22: a, d, g
23: c
24: a, c, d, f
25: a1, b2, c1, d3, e2, f1, g4, h3, i7, j2, k1, l5, m6, n5, o1
26: a, b, d, f
27: a, c, e, f, g, i
28: g
29: e
30: a5, b2, c1, d3, e4, f5, g6, h6, i3, j4, k2, l1
31: a3, b2, c5, d4, e6, f1, g8, h7
32: c
33: b, d, e, g
34: b
35: c
36: a
37: a
38: b
39: b, d, e
40: c
41: b, d
42: b, e
43: c
44: c
45: e
46: a, c

Handlungsfeld 2: Ausbildung vorbereiten und bei der Einstellung von Auszubildenden mitwirken

Inhalte

- Ausbildungsplan erstellen
- Mitwirkung betrieblicher Interessenvertretungen
- Kooperation mit der Berufsschule
- Auswahl von Auszubildenden
- An Einstellungen mitwirken
- Am Vertragsabschluss mitwirken

1. Zur Erstellung des betrieblichen Ausbildungsplans soll sich der Ausbilder bestimmter Hilfen bedienen. Welche sind das?
(Anzahl der richtigen Antworten: 1)

a. Berufsbildungsgesetz ☐

b. Jugendarbeitsschutzgesetz ☐

c. Ausbildungsrahmenplan ☐

d. Prüfungsordnung der zuständigen Stelle ☐

2. Dem Ausbildungsrahmenplan wird der Rahmenlehrplan der Berufsschule gegenübergestellt. Welche Funktion hat der Rahmenlehrplan?
(Anzahl der richtigen Antworten: 1)

a. Der Rahmenlehrplan legt die Stoffverteilung zwischen Berufsschule und Ausbildungsbetrieb fest. ☐

b. Der Rahmenplan gibt die Inhalte des in der Berufsschule zu vermittelnden Stoffes vor. ☐

c. Der Rahmenlehrplan schreibt die Inhalte der überbetrieblichen Ausbildung vor. ☐

3. Ausbildungsbetrieb und Berufsschule sind Partner im Dualen System. Welche Aufgaben hat die Berufsschule?
(Anzahl der richtigen Antworten: 3)

a. Überwiegend Vermittlung von Fachpraxis ☐

b. Fortsetzung der Vermittlung von Allgemeinbildung ☐

c. Erziehung der Berufsschüler zu „mündigen“ Staatsbürgern ☐

d. Der Berufsschulunterricht soll ermöglichen, den Auszubildenden Abwechslung vom betrieblichen Ausbildungsalltag zu verschaffen und ist als Schonraum für Auszubildende anzusehen. ☐

e. Überwiegend Vermittlung von Fachtheorie ☐

4. Warum soll der Ausbilder bei der betrieblichen Ausbildungsplanung auch die Inhalte des Rahmenlehrplans berücksichtigen?
(Anzahl der richtigen Antworten: 1)

a. Er braucht den Rahmenlehrplan nicht zu berücksichtigen, da dieser mit dem Ausbildungsrahmenplan nicht in Beziehung steht. ☐

b. Er braucht den Rahmenlehrplan nicht zu berücksichtigen, da sich die Berufsschullehrer am Ausbildungsrahmenplan orientieren müssen. ☐

c. Er soll sich auch für die betriebliche Ausbildung am Rahmenlehrplan orientieren, um eine weitestgehende Parallelität bei der Vermittlung von Praxis (Betrieb) und Theorie (Berufsschule) gewährleisten zu können. ☐

d. Er soll den Rahmenlehrplan berücksichtigen, da dies durch Rechtsverordnung vorgeschrieben ist. ☐

5. Wie müssen Verkürzungen aufgrund von Vorbildung bei der Ausbildungsplanung berücksichtigt werden?
(Anzahl der richtigen Antworten: 2)

a. Bei vorangegangenem erfolgreichem Besuch der Berufsfachschule (BFS) und einer sich anschließenden betrieblichen Ausbildung im gleichen Berufsfeld kann das BFS als 1. Ausbildungsjahr angerechnet werden. Der Auszubildende beginnt im 2. Ausbildungsjahr. ☐

b. Verkürzungen aufgrund von Vorbildung sind gemäß den rechtlichen Bestimmungen nicht vorgesehen. ☐

c. Bei Auszubildenden mit Allgemeiner Hochschulreife muss dieser Abschluss als 1. Ausbildungsjahr angerechnet werden. Der Auszubildende beginnt im 2. Ausbildungsjahr. ☐

d. Bei Auszubildenden mit Allgemeiner Hochschulreife kann dieser Abschluss auf die Dauer der Ausbildung angerechnet werden. Es müssen alle vorgeschriebenen Inhalte laut Ausbildungsrahmenplan vermittelt werden, allerdings in verkürzter Zeit. ☐

6. Bei der Ausbildungsplanung soll nach bestimmten didaktischen Prinzipien vorgegangen werden. Welche sind das?
(Anzahl der richtigen Antworten: 2)

a. Vom Leichten zum Schweren ☐

b. Vom Abstrakten zum Konkreten ☐

c. Vom Einfachen zum Zusammengesetzten ☐

d. Vom Manuellen zum Kognitiven ☐

e. Vom Speziellen zum Allgemeinen ☐

7. Was ist bei der Erstellung eines betrieblichen Ausbildungsplans zu beachten?
(Anzahl der richtigen Antworten: 2)

a. Die Reihenfolge der zu vermittelnden Inhalte ist beliebig. Der Ausbildungsrahmenplan ist außer Acht zu lassen. ☐

b. Berufsschulzeiten sind bei der zeitlichen Planung nicht zu berücksichtigen. ☐

c. Ausbildungsabschnitte, die außerbetrieblich vermittelt werden, müssen nicht im betrieblichen Ausbildungsplan aufgenommen werden. ☐

d. Zu vermittelnde Kenntnisse und Fertigkeiten werden entsprechenden Lernorten zugeordnet. ☐

e. Die Dauer der jeweiligen Ausbildungsabschnitte wird im betrieblichen Ausbildungsplan festgelegt. ☐

8. Welche Funktion hat ein Versetzungsplan?
(Anzahl der richtigen Antworten: 1)

a. Dieser Plan kommt nur in der Berufsschule vor. Er gibt Auskunft über die Versetzung von Schülern. ☐

b. Dieser Plan gibt Auskunft über die Versetzungen in den allgemeinbildenden Schulen. ☐

c. Dieser Plan dient dazu, die Ausbildung personell zu entzerren, d. h., er gibt Auskunft darüber, in welcher Zeit sich welcher Auszubildende an welchem Lernort befindet. ☐

9. Welche Fähigkeiten/Vorbildung sollte eine Ausbildungsplatzbewerberin für einen kaufmännischen Ausbildungsgang unbedingt mitbringen?
(Anzahl der richtigen Antworten: 2)

a. Körperkraft ☐

b. Allgemeine Hochschulreife ☐

c. Aufgeschlossenheit ☐

d. Handwerkliche Begabung ☐

e. Verhandlungsgeschick ☐

f. Schriftliches Ausdrucksvermögen ☐

10. In welchen der nachfolgend aufgeführten Schulfächern sollten einem Bewerber für den Ausbildungsberuf „Industriemechaniker“ überzeugende Leistungen bescheinigt worden sein?
(Anzahl der richtigen Antworten: 2)

a. Musik ☐
b. Mathematik ☐
c. Kunst ☐
d. Religion ☐
e. Geschichte ☐
f. Physik ☐

11. Welche Voraussetzungen muss ein Ausbildungsplatzbewerber aus rechtlicher Sicht erfüllen, um eine Berufsausbildung aufnehmen zu können?
(Anzahl der richtigen Antworten: 1)

a. Keine ☐
b. Fachhochschulreife ☐
c. Hauptschulabschluss ☐
d. Realschulabschluss ☐
e. Erfüllung der Vollzeitschulpflicht ☐
f. In jedem Fall vorangegangener erfolgreicher Besuch einer Volkshochschule ☐

12. Teamfähigkeit wird heute seitens der Ausbildungsbetriebe von vielen Ausbildungsplatzbewerbern erwartet. Woran kann der Ausbilder erkennen, ob diese Qualifikation im Ansatz vorhanden ist?
(Anzahl der richtigen Antworten: 2)

a. Hobby: Fernsehen ☐
b. Aktives Engagement in der kirchlichen Jugendarbeit ☐
c. Keine Hobbys ☐
d. Ausschließliches Hobby: Internet-Chat ☐
e. Aktives Mitglied einer Handballmannschaft ☐

13. Welche sinnvollen Instrumente zur Bewerbergewinnung sollten vom Ausbildungsbetrieb genutzt werden?
(Anzahl der richtigen Antworten: 3)

a. Vorstellung des Betriebs in Berufsschulklassen ☐
b. Berufsinformationszentrum der Agentur für Arbeit ☐
c. Internet ☐
d. Stellenanzeige im englischsprachigen Ausland ☐
e. Aushang am Schwarzen Brett des Betriebs ☐

14. Welche Angaben werden im Allgemeinen nicht in Stellenausschreibungen für Ausbildungsplätze gemacht?
(Anzahl der richtigen Antworten: 1)

a. Bezeichnung des Ausbildungsberufs ☐

b. Angaben über die gewünschten Bewerbungsunterlagen ☐

c. Angaben über den Einstellungszeitpunkt ☐

d. Angaben über die Höhe der Ausbildungsvergütung ☐

15. Welche Unterlagen sind bei der Einreichung von schriftlichen Bewerbungen unverzichtbar?
(Anzahl der richtigen Antworten: 2)

a. Zeugniskopien ☐

b. Empfehlungsschreiben des Lehrers ☐

c. Arbeitsprobe ☐

d. Urkunde der Bundesjugendspiele ☐

e. Lebenslauf ☐

16. Welche Fragen sind in einem Bewerbungsgespräch unzulässig?
(Anzahl der richtigen Antworten: 2)

a. Frage nach bestehender Schwangerschaft ☐

b. Fragen nach Entscheidungsgründen für die Bewerbung in diesem Betrieb ☐

c. Fragen nach der Schulbildung ☐

d. Fragen nach einem möglichen Kinderwunsch ☐

17. Welche Entscheidungshilfen tragen gemeinhin zur Einstellung von Ausbildungsplatzbewerbern bei?
(Anzahl der richtigen Antworten: 1)

a. Der Bewerbung beigefügtes Referenzschreiben der Eltern ☐

b. Bewerbungsgespräch ☐

c. Einkommensverhältnisse der Eltern ☐

d. Grundschulzeugnisse ☐

18. In welcher Form sollte ein Bewerbungsgespräch mit Ausbildungsaspiranten geführt werden?
(Anzahl der richtigen Antworten: 1)

a. Es sollte in möglichst zwangloser Atmosphäre geführt werden. ☐

b. Es sollte wie ein mündliches Prüfungsgespräch geführt werden. ☐

c. Es sollte außerhalb des Betriebs z. B. in einer Gaststätte, geführt werden. ☐

d. Es sollte gar nicht geführt werden, denn es könnte der Erste-Eindruck-Fehler entstehen. ☐

e. Es sollte wie eine politische Debatte geführt werden. ☐

19. Wie kann der Betriebsrat bei der Einstellung von Auszubildenden mitwirken?
(Anzahl der richtigen Antworten: 2)

a. Bei der Einstellung von Auszubildenden hat der Betriebsrat mitzubestimmen. ☐

b. Der Betriebsrat hat das alleinige Recht, über Einstellungen zu bestimmen. ☐

c. Dem Betriebsrat müssen die Bewerbungsunterlagen vorgelegt werden. ☐

d. Gar nicht ☐

e. Die Einstellung von Auszubildenden obliegt ausschließlich den zuständigen Stellen. ☐

20. Rechtliche Grundlage eines Ausbildungsverhältnisses ist der Berufsausbildungsvertrag (BAV). Welche Vertragspartner kann es in einem Berufsausbildungsvertrag geben?
(Anzahl der richtigen Antworten: 3)

a. Die Eltern ☐

b. Der Ausbildende, der selbst ausbildet ☐

c. Der Ausbilder ☐

d. Der Auszubildende ☐

e. Der Berufschullehrer ☐

f. Der Ausbildungsberater der zuständigen Stelle ☐

g. Der Ausbildende, der nicht selbst ausbildet ☐

21. In welcher Form ist der Berufsausbildungsvertrag abzuschließen?
(Anzahl der richtigen Antworten: 1)

a. Nur mündlich und per Handschlag ☐

b. In gar keiner; es reicht, wenn der Auszubildende am ersten Ausbildungstag im Betrieb erscheint ☐

c. Schriftlich ☐

22. Wann muss der Berufsausbildungsvertrag geschlossen werden?
(Anzahl der richtigen Antworten: 1)

a. Am ersten Tag der Ausbildung ☐

b. Im Laufe der Probezeit ☐

c. In der letzten Woche der vereinbarten Probezeit ☐

d. Spätestens vor Beginn der Ausbildung ☐

23. Welche sind zwingend vorgeschriebene Inhalte eines Berufsausbildungsvertrags nach BBiG?
(Anzahl der richtigen Antworten: 3)

a. Berufsschulzeiten ☐

b. Ziel der Ausbildung ☐

c. Vertragsstrafen ☐

d. Name des Ausbilders und der Ausbildungsbeauftragten ☐

e. Ausschluss von Schadensersatzansprüchen ☐

f. Höhe der Vergütung ☐

g. Dauer des Urlaubs ☐

24. Der Beginn und die Dauer der Ausbildung sind zwingend vorgeschriebene Inhalte eines Berufsausbildungsvertrags. Welche Aussagen hinsichtlich der Dauer sind richtig?
(Anzahl der richtigen Antworten: 1)

a. Es müssen der konkrete Anfangs- und Beendigungstermin angegeben werden. ☐

b. Es muss nur der konkrete Anfangstermin eingetragen werden, da nicht abzusehen ist, ob die Ausbildung möglicherweise verlängert werden muss. ☐

c. Ein konkreter Endtermin der Ausbildung kann nicht angegeben werden, da noch nicht feststeht, an welchem Tag die Abschlussprüfung abgeschlossen sein wird. Dieser wird von der zuständigen Stelle nachgetragen. ☐

25. Die Dauer der Probezeit ist ebenfalls in den Ausbildungsvertrag einzutragen. Welche Aussagen treffen hierbei zu?
(Anzahl der richtigen Antworten: 2)

a. Die Probezeit muss mindestens einen Monat betragen. ☐

b. Die Probezeit beträgt sechs Monate. ☐

c. Die Probezeit wird bei jugendlichen Auszubildenden nach Absprache mit der zuständigen Stelle festgelegt. ☐

d. Die Probezeit hängt von der Dauer der Ausbildungszeit ab. ☐

e. Die Probezeit darf höchstens vier Monate betragen. ☐

f. Die Probezeit wird individuell zwischen Ausbildendem und Auszubildendem bestimmt. Es gibt keine gesetzlichen Vorschriften. ☐

26. Die Höhe der Ausbildungsvergütung ist ein weiterer Bestandteil des Berufsausbildungsvertrags. Welche Aussagen sind zutreffend?
(Anzahl der richtigen Antworten: 1)

a. Die Vergütung muss angemessen sein, d. h., es werden im Allgemeinen tarifliche oder branchenübliche Regelungen zugrunde gelegt. ☐

b. Die Höhe der Ausbildungsvergütung wird ausschließlich vom Staat festgelegt. ☐

c. Die Höhe der Ausbildungsvergütung wird ausschließlich von den zuständigen Stellen festgelegt. ☐

d. Die Höhe der Ausbildungsvergütung ist abhängig von der Höhe der Investitionen des Ausbildungsbetriebs. Je höher die Investitionen sind, desto geringer ist die Ausbildungsvergütung. ☐

27. Welche Verkürzung kann bei Bewerbern mit Realschulabschluss berücksichtigt werden?
(Anzahl der richtigen Antworten: 1)

a. Es muss um maximal neun Monate verkürzt werden. ☐

b. Es ist jegliche Verkürzung ausgeschlossen. ☐

c. Es kann um maximal sechs Monate verkürzt werden. ☐

d. Es kann um maximal zwölf Monate verkürzt werden. ☐

28. Welche rechtlichen Quellen können bei der Bestimmung der Dauer der täglichen Ausbildungszeit berücksichtigt werden?
(Anzahl der richtigen Antworten: 2)

a. Tarifvertrag ☐

b. Arbeitszeitgesetz ☐

c. EU-Arbeitszeitkonvention ☐

d. Empfehlungen des Ausbildungszeitausschusses der zuständigen Stelle ☐

e. Bundesausbildungszeitgesetz ☐

29. Die Dauer der regelmäßigen täglichen Ausbildungszeit wird ebenfalls im Berufsausbildungsvertrag festgelegt. Welche Aussagen sind zutreffend?
(Anzahl der richtigen Antworten: 1)

a. Ein jugendlicher Auszubildender darf gemäß den gesetzlichen Bestimmungen maximal 44 Stunden pro Woche an sechs Werktagen beschäftigt werden. ☐

b. Ein volljähriger Auszubildender kann gemäß den gesetzlichen Bestimmungen 48 Stunden pro Woche an sechs Werktagen beschäftigt werden, wobei die Berufsschulzeiten als Ausbildungszeiten zu berücksichtigen sind. ☐

c. Auszubildende dürfen gemäß den gesetzlichen Bestimmungen maximal 40 Stunden pro Woche beschäftigt werden. ☐

d. Jugendliche Auszubildende dürfen nur 36 Stunden pro Woche einschließlich der Berufsschulzeiten beschäftigt werden. ☐

e. Mehrarbeit für Auszubildende ist verboten. ☐

30. Ein volljähriger Auszubildender mit einer regelmäßigen täglichen bzw. wöchentlichen Ausbildungszeit von acht bzw. 40 Stunden verlangt vom Ausbildenden, nach einem Berufsschultag von sechs Unterrichtsstunden nicht mehr im Ausbildungsbetrieb erscheinen zu müssen. Wie ist diese Auffassung rechtlich zu bewerten?
(Anzahl der richtigen Antworten: 1)

a. Ein Freistellungsanspruch besteht nicht, da das Arbeitszeitgesetz eine regelmäßige Arbeitszeit von acht Stunden pro Tag vorsieht. ☐

b. Auszubildende sind generell von der Ausbildung am Berufsschultag freizustellen. ☐

c. Die Berufsschule kann verfügen, dass Auszubildende nach Berufsschultagen mit mehr als fünf Unterrichtsstunden von der Ausbildung freizustellen sind. ☐

31. Welche Aussagen hinsichtlich der Dauer des Urlaubs, der im Berufsausbildungsvertrag festgelegt ist, sind zutreffend?
(Anzahl der richtigen Antworten: 2)

a. Für Auszubildende gelten immer die Bestimmungen des Bundesurlaubsgesetzes, d. h., es müssen ihnen mindestens 24 Werktage pro Jahr gewährt werden. ☐

b. Für jugendliche Auszubildende gibt es gesonderte gesetzliche Regelungen. Diese bemessen sich nach dem Alter der Jugendlichen. ☐

c. Für Auszubildende, in deren Ausbildungsstätte ein Tarifvertrag zur Anwendung kommt, gelten die tariflichen Bestimmungen, sofern sie für die Auszubildenden günstiger sind als die gesetzlich vorgeschriebenen. ☐

d. Die Anzahl der Urlaubstage liegt im beliebigen Interesse des Ausbildenden. Dabei können gesetzliche Vorgaben auch unterschritten werden. ☐

32. Welche Pflichten hat der Ausbildende?
(Anzahl der richtigen Antworten: 3)

a. Ausbildungspflicht ☐
b. Die Pflicht, die Fahrkosten von und zur Berufsschule zu übernehmen ☐
c. Die Pflicht zur Freistellung zu Prüfungen und den Auszubildenden dazu anzuhalten, daran teilzunehmen ☐
d. Die Pflicht, dem Auszubildenden Urlaub zu gewähren ☐
e. Die Pflicht, dem Auszubildenden ein Betriebsfahrzeug für die Wege von und zur Ausbildungsstätte zu stellen ☐
f. Die Pflicht, die Kosten für die Fachbücher in der Berufsschule zu übernehmen ☐
g. Die Pflicht, dem Auszubildenden alle Mitarbeiter vorzustellen ☐

33. Welche der nachstehenden Vereinbarungen sind nichtig?
(Anzahl der richtigen Antworten: 2)

a. Name des Berufes, zu dem ausgebildet werden soll ☐
b. Sachliche und zeitliche Gliederung der Ausbildung ☐
c. Hinweis auf anzuwendende Tarifverträge, Betriebsvereinbarungen etc. ☐
d. Ausschluss oder Beschränkung von Schadenersatzansprüchen ☐
e. Dauer des Urlaubs ☐
f. Voraussetzungen, unter denen ein Ausbildungsverhältnis gekündigt werden kann ☐
g. Verpflichtung des Auszubildenden, über die Zeit des Ausbildungsverhältnisses hinaus für den Betrieb zu arbeiten ☐

34. Das Ausbildungsverhältnis muss bei der zuständigen Stelle in das entsprechende Verzeichnis eingetragen werden. Wer muss dieses beantragen?
(Anzahl der richtigen Antworten: 1)

a. Der Auszubildende ☐
b. Der Ausbildungsberater ☐
c. Der Betriebsrat des Ausbildungsbetriebs ☐
d. Der Ausbildende ☐
e. Niemand, denn die Beantragung erfolgt automatisch durch die zuständige Stelle ☐

35. Was ist dem Berufsausbildungsvertrag bei jugendlichen Auszubildenden beim Antrag auf Eintragung in das Verzeichnis der Berufsausbildungsverhältnisse bei der zuständigen Stelle beizufügen?
(Anzahl der richtigen Antworten: 1)

a. Die Bankverbindung des Auszubildenden ☐
b. Die Ausbildungswillenserklärung des Ausbildenden ☐
c. Die Absichtserklärung des Auszubildenden, seiner Lernpflicht immer nachkommen zu wollen ☐
d. Die Erklärung der gesetzlichen Vertreter, den Ausbildenden bei seinen Ausbildungsbemühungen zu unterstützen ☐
e. Die Bescheinigung über die ärztliche Erstuntersuchung ☐
f. Die letzten drei Zeugnisse der allgemeinbildenden Schulen ☐

36. Der Ausbildende hat den Auszubildenden bei den Sozialversicherungsträgern anzumelden. Welche der im Folgenden genannten sind das?
(Anzahl der richtigen Antworten: 2)

a. Gesetzliche Ausbildungsversicherung ☐
b. Öffentliche Berufsbildungsversicherung ☐
c. Gesetzliche Krankenversicherung ☐
d. Gesetzliche Arbeitsförderungsversicherung ☐
e. Private Krankenversicherung ☐
f. Gesetzliche Arbeitslosenversicherung ☐

37. Unter welchen Voraussetzungen kann ein Auszubildender Teile der Berufsausbildung im Ausland absolvieren?
(Anzahl der richtigen Antworten: 2)

a. ... der Auslandsaufenthalt muss dem Ausbildungsziel dienen ☐
b. ... der Auslandsaufenthalt muss mindestens einen Monat dauern ☐
c. ... der Auslandsaufenthalt soll bei einer 36-monatigen Ausbildung nicht länger als neun Monate dauern ☐
d. ... der Auslandsaufenthalt ist zeitlich unbegrenzt ☐

Lösungen

1: c
2: b
3: b, c, e
4: c
5: a, d
6: a, c
7: d, e
8: c
9: c, f
10: b, f
11: e
12: b, e
13: b, c, e
14: d
15: a, e
16: a, d
17: b
18: a
19: a, c
20: b, d, g
21: c
22: d
23: b, f, g
24: a
25: a, e
26: a
27: c
28: a, b
29: b
30: a
31: b, c
32: a, c, d
33: d, g
34: d
35: e
36: c, f
37: a, c

Handlungsfeld 3: Ausbildung durchführen

Inhalte

- Einführung planen
- Probezeit planen
- Lernförderliche Bedingungen schaffen
- Lern- und Arbeitsaufgaben entwickeln
- Handlungsfähigkeit fördern
- Ausbildungsmethoden einsetzen
- Auf Lernschwierigkeiten und Verhaltensauffälligkeiten reagieren
- Zusatzqualifikationen nutzen
- Bewerten und Beurteilen
- Interkulturelle Kompetenzen fördern

1. Die Gestaltung des ersten Ausbildungstags bedarf einiger Überlegungen, um die Auszubildenden positiv auf die Berufsausbildung im Betrieb einzustimmen. Welche der folgenden Maßnahmen können dazu führen, dieses Ziel zu erreichen?
(Anzahl der richtigen Antworten: 3)

a. Erläuterung des betrieblichen Ausbildungsplans ☐
b. Besprechung organisatorischer Inhalte (Arbeitszeit, Pausen, Berufsschulbesuch) ☐
c. Mitarbeit in den Abteilungen, in denen zurzeit Personalnot herrscht ☐
d. Bekanntgabe der Konsequenzen bei Fehlverhalten in der Berufsschule ☐
e. Betriebsbegehung mit Hinweis auf die ausbildungsrelevanten Abteilungen ☐
f. Vorstellung des Ausbilders als „Herr im Haus“ ☐

2. Welche Bedeutung hat die Probezeit im Ausbildungsverhältnis?
(Anzahl der richtigen Antworten: 1)

a. Dem Auszubildenden sollen ausschließlich solche Aufgaben übertragen werden, die von den Fachkräften aus terminlichen Gründen nicht zu bewältigen sind. ☐
b. Dem Auszubildenden sollen während der Probezeit immer dieselben Aufgaben übertragen werden, um seine Konzentrationsfähigkeit zu fördern. ☐
c. Dem Auszubildenden sollen während der Probezeit keine Aufgaben übertragen werden. Er sollte sich vielmehr Aufgaben, die ihm Freude bereiten, selbst aussuchen. ☐
d. Dem Auszubildenden sollen berufstypische Aufgaben übertragen werden, die erkennen lassen, ob ausreichend Eignung und Neigung beim Auszubildenden vorliegen. ☐
e. Der Probezeit ist seitens des Ausbildenden gar keine Bedeutung beizumessen, da diese in jedem Fall verlängert werden kann. ☐

3. Welche Aussagen zur Gestaltung der Probezeit sind zutreffend?
(Anzahl der richtigen Antworten: 2)

a. Der Auszubildende sollte nur monotone Arbeiten ausführen, damit er sich an den Arbeitsalltag gewöhnt. ☐

b. In der Probezeit muss kein besonderes Augenmerk auf den Auszubildenden gerichtet werden. ☐

c. Gerade in der Probezeit sollte der Auszubildende überwiegend sich selbst überlassen sein, um seine Selbstständigkeit zu fördern. ☐

d. Dem Auszubildenden sollten unterschiedliche berufstypische Aufgaben gestellt werden. ☐

e. Der Auszubildende ist regelmäßig zu beobachten. Zum Ende der Probezeit ist eine Beurteilung anzufertigen. ☐

4. Lernen ist ein zentraler Begriff in der Pädagogik. Welche der nachfolgenden Aussagen zum Lernen treffen zu?
(Anzahl der richtigen Antworten: 4)

a. Lernen geschieht durch Auseinandersetzung mit der Umwelt. ☐

b. Lernen ist ausschließlich die Aneignung von Wissen. ☐

c. Lernen bedeutet auch das Aneignen von Fertigkeiten. ☐

d. Einstellungen können nicht erlernt werden, sondern sind anlagebedingt vorgegeben. ☐

e. Lernen ist ein fortlaufender Prozess. ☐

f. Einstellungen können nicht durch Lernen verändert werden. ☐

g. Lernen bedeutet eine langfristige Verhaltensänderung. ☐

h. Lernen ist insbesondere das Wiederholen von bereits erworbenen Kenntnissen und Fertigkeiten. ☐

5. Ein Lernprozess verläuft in Stufen. Ein bekanntes Modell dafür ist das von Heinrich Roth. Bringen Sie die nachstehenden Antworten in die richtige Reihenfolge, indem Sie die Ziffern 1 bis 6 in die Kästchen eintragen.

a. Stufe des Behaltens und Einübens ☐

b. Stufe der Schwierigkeit ☐

c. Stufe der Übertragung (des Transfers) des Gelernten auf ähnliche Lerngegenstände ☐

d. Stufe der Motivation ☐

e. Stufe des erstmaligen Tuns und Ausführens ☐

f. Stufe der Lösung ☐

6. Die Gliederung des Lernstoffs ist eine wichtige Aufgabe des Ausbilders, die zur Motivation und zum Lernerfolg beitragen kann. Welche Aussagen hierzu sind richtig?
(Anzahl der richtigen Antworten: 2)

a. Der Ausbilder stellt zunächst das Bekannte des Lerninhalts dar und fügt dann Neues hinzu. ☐

b. Der Ausbilder konzentriert sich in seiner Unterweisung nicht nur auf die wesentlichen Kernpunkte, sondern stellt Nebenaspekte des Lerninhalts genauso bedeutsam heraus. ☐

c. Der Ausbilder erklärt zuerst den gesamten Arbeitsgang und erläutert dann die Teilschritte. ☐

7. Alle Lernmodelle gehen davon aus, dass Lernen ohne Motivation nicht möglich ist. Welche der aufgeführten Maßnahmen dienen <u>nicht</u> dazu, die Lernmotivation bei Auszubildenden zu fördern?
(Anzahl der richtigen Antworten: 1)

a. Der Ausbilder nimmt mögliche Hemmungen vor der entsprechenden Aufgabe, indem er Erfolgszuversicht ausspricht. ☐

b. Bei der Planung von Aufgaben versucht der Ausbilder Über- oder Unterforderung der Auszubildenden auszuschließen. ☐

c. Das Nennen des Lernziels durch den Ausbilder ist nicht notwendig, da die meisten Auszubildenden dieses nicht verstehen würden. ☐

d. Der Ausbilder stellt praxisorientierte Aufgaben, um den Auszubildenden zu verdeutlichen, wie wichtig das Erlernte für die spätere berufliche Tätigkeit ist. ☐

8. Nach dem in Aufgabe 5 dargestellten Lernmodell kommt der Stufe der Lösung eine bedeutende Funktion zu. Welche Hinweise können Sie dazu vor dem Hintergrund einer handlungsorientierten Ausbildung geben?
(Anzahl der richtigen Antworten: 1)

a. Der Ausbilder sollte immer die Lösung einer Aufgabe präsentieren, um Zeit zu sparen. ☐

b. Die Auszubildenden sollen immer die Lösung selbst erarbeiten, um die Grenzen des eigenen Könnens zu erfahren. ☐

c. Die Auszubildenden sollten mit zunehmender Ausbildungsdauer aufgefordert werden, sich die Lösung selbst zu erarbeiten. Das trägt zu einem höheren Behaltenseffekt bei. ☐

9. Das Festigen des erlernten Stoffs ist ebenfalls Bestandteil des o. g. Lernmodells. Welche Aussagen zum Üben sind zutreffend?
(Anzahl der richtigen Antworten: 2)

a. Sollte der Auszubildende eine erlernte Tätigkeit bereits beim einmaligen Nachmachen fehlerfrei ausgeführt haben, so kann das Üben entfallen. ☐

b. Die Übungsaufgabe sollte variiert werden, um Monotonie zu vermeiden. ☐

c. Auf eine Kontrolle des Übungsfortschritts durch den Ausbilder wird verzichtet, um das Lerninteresse des Auszubildenden nicht herabzusetzen. ☐

d. Der Übungserfolg sollte vom Ausbilder entsprechend gelobt werden. ☐

10. Zum Lernmodell gehört auch der Transfer des Gelernten. Was ist darunter zu verstehen?
(Anzahl der richtigen Antworten: 1)

a. Ähnliche Problemstellungen, die auf andere Art und Weise zu lösen sind ☐

b. Eine Festigung des Gelernten durch häufiges Wiederholen ☐

c. Gleiche Aufgabe, die auf andere Art und Weise zu lösen ist ☐

d. Eine Übertragung des Gelernten auf vergleichbare Situationen ☐

11. Lernen durch Versuch, Irrtum und Erfolg ist eine Lernart. Welche Vorteile hat diese Art des Lernens?
(Anzahl der richtigen Antworten: 1)

a. Da diese Lernart sehr zeitaufwendig sein kann, bedeutet sie immer eine entsprechende Entlastung für den Ausbilder. ☐

b. Diese Lernart ist für die betriebliche Ausbildung ungeeignet, da sie sehr schnell zur Entmutigung der Auszubildenden führt. ☐

c. Die durch eigene Aktivitäten der Auszubildenden gefundenen Erkenntnisse haben einen höheren Behalteneffekt als die vom Ausbilder präsentierten. ☐

12. Die Vorbildwirkung ist zentraler Gegenstand des Lernens am Modell. Welche Aussagen sind zutreffend?
(Anzahl der richtigen Antworten: 2)

a. Die Auszubildenden übernehmen unbewusst Verhaltensweisen, die ihnen erstrebenswert und Erfolg versprechend für das eigene Handeln erscheinen. ☐

b. Es werden nur positive Vorbilder als Modelle angenommen. ☐

c. Ausbilder und Fachkräfte sind sich nicht immer ihrer Vorbildfunktion bewusst. ☐

d. Im Bereich der Arbeitssicherheit ist die Vorbildwirkung nicht hoch, denn die Arbeitsschutzvorschriften haben für die Auszubildenden einen höheren Stellenwert. ☐

e. Vorbildwirkung hat einen hohen emotionalen Anteil, der keinerlei Einfluss auf Auszubildende hat. ☐

13. Welche Fragen sollte sich der Ausbilder im Hinblick auf das Lernen am Modell stellen?
(Anzahl der richtigen Antworten: 1)

a. Soll ich den Auszubildenden zeigen, wie sie sich zu verhalten haben und sie ausdrücklich darauf hinweisen? ☐

b. Soll ich mich den von den Auszubildenden erwarteten Verhaltensweisen anpassen? ☐

c. Soll ich mein eigenes Verhalten dahin gehend überprüfen, ob es den Ansprüchen, die ich an die Auszubildenden stelle, immer gerecht wird? ☐

d. Soll ich die Auszubildenden nur mündlich auf die erwünschten Verhaltensweisen hinweisen? ☐

e. Soll ich den Auszubildenden technische Modelle zum besseren Verständnis zur Verfügung stellen? ☐

14. Eine erfolgreiche Ausbildung hängt in entscheidendem Maß vom Wirken des Ausbilders und seinen Einstellungen ab. Welche Aussagen des Ausbilders können dazu beitragen, eine Ausbildung positiv zu gestalten?
(Anzahl der richtigen Antworten: 1)

a. „Was meine Auszubildenden in ihrer Freizeit machen, interessiert mich nicht. Das gehört schließlich nicht zur Ausbildung dazu.“ ☐

b. „Lehrjahre sind keine Herrenjahre. Meine Auszubildenden haben sich strikt meiner Person unterzuordnen.“ ☐

c. „Die Auszubildenden sollen möglichst reibungslos die Ausbildung durchlaufen, am besten ohne mich als Ausbilder zu behelligen.“ ☐

d. „Ich verstehe mich als Partner und Anwalt der Auszubildenden. Sie sollen auch mit Problemen aus ihrem Privatleben zu mir kommen können.“ ☐

e. „Mein Wort ist Gesetz. Darüber wird nicht diskutiert. Das würde meine Autorität infrage stellen.“ ☐

15. Häufig werden die Begriffe „persönliche Autorität“ und „autoritäres Verhalten“ im gleichen Zusammenhang verwendet. Welche Aussagen hierzu sind zutreffend?
(Anzahl der richtigen Antworten: 2)

a. Der Ausbilder, der einen autoritären Führungsstil anwendet, genießt immer die Hochachtung der Auszubildenden. ☐

b. Autoritäres Verhalten und Autorität sind von der Wortbedeutung her gleich. ☐

c. Der Ausbilder, der überwiegend einen autoritären Führungsstil anwendet, kann zur Einschüchterung und somit zur Demotivation der Auszubildenden beitragen. ☐

d. Persönliche Autorität erwirbt sich der Ausbilder durch Einstellungen wie Partner der Auszubildenden sein zu wollen, eigene Schwächen zugeben zu können und ein offenes Ohr für die Belange der Auszubildenden zu haben. ☐

e. Persönliche Autorität erhält der Ausbilder durch die übertragene Funktion. Sie braucht nicht erworben zu werden. ☐

16. Lob ist ein wichtiges Erziehungsmittel in der Ausbildung. Welche Aussagen hierzu sind zutreffend?
(Anzahl der richtigen Antworten: 1)

a. Lob sollte überhaupt nicht erteilt werden, da es schnell zur Selbstüberschätzung der Auszubildenden führen kann. ☐

b. Lob in der Ausbildung ist relativ wirkungslos, da die Auszubildenden sich heute Anerkennung im Freizeitbereich erwerben. ☐

c. Lob sollte bei jeder Gelegenheit erteilt werden, um die Motivation der Auszubildenden zu erhalten. ☐

d. Lob sollte bei über dem Durchschnitt liegenden Leistungen des einzelnen Auszubildenden erteilt werden, um ihn in seiner individuellen Lernleistung anzuspornen. ☐

17. Wann sollte ein Lob ausgesprochen werden?
(Anzahl der richtigen Antworten: 1)

a. Nach Möglichkeit unmittelbar nach der erbrachten Leistung, da der Effekt dann am nachhaltigsten ist ☐

b. Der Zeitpunkt des Lobs ist nicht ausschlaggebend. Wichtig ist, dass überhaupt Lob für entsprechend erbrachte Leistungen erteilt wird. ☐

c. Nach Möglichkeit erst nach einem größeren Zeitraum, um den Auszubildenden dann die Gelegenheit zum Nachdenken über die erbrachte Leistung zu geben ☐

18. Tadel muss mitunter als Erziehungsmittel in der Ausbildung eingesetzt werden. Welche Aussagen sind hierbei zutreffend?
(Anzahl der richtigen Antworten: 2)

a. Der Tadel für einen einzelnen Auszubildenden sollte vor allen Auszubildenden ausgesprochen werden, um allen die Konsequenzen bei Fehlverhalten vor Augen zu führen. ☐

b. Der Tadel sollte nur unter vier Augen angeführt werden, um das Selbstwertgefühl des Auszubildenden nicht zu sehr zu beschädigen. ☐

c. Der Tadel darf in einer emotional aufgeheizten Situation die Gesamtpersönlichkeit des Auszubildenden, nicht nur das konkrete Fehlverhalten treffen. ☐

d. Der Tadel kann Beleidigungen und Kränkungen enthalten, um dem Auszubildenden die Wirkung seines Fehlverhaltens auf den Ausbilder zu zeigen. ☐

e. Der Tadel darf nur auf das konkrete Fehlverhalten bezogen sein und sollte sachlich, das heißt, nicht im Affekt ausgesprochen sein. ☐

f. Der Tadel sollte keinerlei Konsequenzen bei weiteren Fehlverhalten beinhalten, damit der Auszubildende nicht allzu verschüchtert wird. ☐

19. Die Strafe ist ein weiteres Erziehungsmittel im Ausbildungsbereich. Welche Aussagen sind hier zutreffend?
(Anzahl der richtigen Antworten: 1)

a. Strafmaßnahmen im Ausbildungsbereich sind gemäß BBiG generell verboten. ☐

b. Hat der Tadel nicht gewirkt und sich das Fehlverhalten fortgesetzt, so ist die Strafe entsprechend der angekündigten Androhung konsequent umzusetzen. ☐

c. Der Entzug von Vergünstigungen wird heute von Auszubildenden nicht als Strafe angesehen. ☐

d. Strafen haben im Allgemeinen keinen Erziehungseffekt bei Auszubildenden, denn Sanktionen haben weder im Elternhaus noch in der allgemeinbildenden Schule eine Verhaltensänderung bewirkt. ☐

e. Bei massivem Fehlverhalten eines einzelnen Auszubildenden sollten alle Auszubildenden bestraft werden, um einen Erziehungseffekt durch die Gruppe zu bewirken. ☐

f. Die angedrohte Strafe kann trotz fortgesetztem Fehlverhalten unterbleiben, da der Ausbilder ansonsten seine Autorität verlieren würde. ☐

20. Lernziele sollen in allen pädagogischen Prozessen definiert werden. Welche Absicht steckt hinter dieser Anforderung?
(Anzahl der richtigen Antworten: 2)

a. Lernziele dienen dazu, überprüfen zu können, ob der beabsichtigte Lernerfolg eingetreten ist. ☐

b. Lernziele dienen dazu, zu Beginn einer Ausbildungseinheit feststellen zu können, ob der zu vermittelnde Lernstoff den Auszubildenden bereits bekannt und von ihnen verinnerlicht worden ist. ☐

c. Ohne präzise Lernzielbestimmung könnte der Lernprozess richtungslos und damit für Ausbilder und Auszubildenden unklar bleiben, ob der gewünschte Lernerfolg eingetreten ist. ☐

d. Lernziele sollen zwar bestimmt werden, haben aber für die Ausbildung im Betrieb – im Gegensatz zur schulischen Ausbildung – eine erheblich geringere Bedeutung. ☐

21. Lernziele werden in Richt-/Grob-/Feinlernziele eingeteilt. Worin unterscheiden sich die Lernzielkategorien?
(Anzahl der richtigen Antworten: 3)

a. Das Richtlernziel ist sehr allgemein gehalten und gibt bloß die Richtung an. ☐

b. Das Feinlernziel drückt nicht das überprüfbare, gewünschte Endverhalten aus. ☐

c. Das Groblernziel hat einen mittleren Grad an Eindeutigkeit, beschreibt aber nicht das überprüfbare, gewünschte Endverhalten. ☐

d. Das Groblernziel steht über dem Richtlernziel und gibt bloß die grobe Richtung an. ☐

e. Das Feinlernziel ist so präzise definiert, dass das gewünschte Endverhalten überprüfbar ist. ☐

22. Welche der nachfolgend aufgeführten Lernzielkategorien finden Sie im Ausbildungsrahmenplan?
(Anzahl der richtigen Antworten: 2)

a. Leitlernziel ☐

b. Richtlernziel ☐

c. Groblernziel ☐

d. Feinlernziel ☐

23. Beim Lernen werden drei Lernbereiche unterschieden. Welche der nachfolgend aufgeführten Lernziele lassen sich dem kognitiven Lernbereich zuordnen?
(Anzahl der richtigen Antworten: 2)

a. Die Inhalte des Ausbildungsvertrags erklären können ☐

b. Die Aufgaben des Betriebsrats beschreiben können ☐

c. Den Keilriemen an einem Pkw auswechseln können ☐

d. Im Team arbeiten können ☐

e. Kundenorientiert arbeiten können ☐

f. Einen Fensterrahmen lackieren können ☐

24. Welche der nachfolgend aufgeführten Lernziele sind dem psychomotorischen Lernbereich zuzuordnen?
(Anzahl der richtigen Antworten: 1)

a. Übertragene Aufgaben gewissenhaft und sorgfältig ausführen können ☐
b. Die Pflichten als Auszubildender nennen können ☐
c. Übertragene Aufgaben selbstständig planen können ☐
d. Die einschlägigen Arbeitssicherheitsvorschriften für einen Arbeitsbereich beschreiben können ☐
e. Einen Radwechsel an einem Pkw ausführen können ☐
f. Den Schmelzpunkt von Blei benennen können ☐

25. Welche der nachfolgend aufgeführten Lernziele sind dem affektiven Lernbereich zuzuordnen?
(Anzahl der richtigen Antworten: 2)

a. Zwischen Aktiva und Passiva im Rechnungswesen unterscheiden können ☐
b. Hilfsbereit sein können ☐
c. Einfühlungsvermögen bei einer Gruppendiskussion zeigen können ☐
d. Das 10-Finger-System beherrschen ☐
e. Die Bedeutung des Berufsschulunterrichts im Dualen System erklären können ☐
f. Eine Steckdose an einer Wand anbringen können ☐

26. Welche der folgenden Beschreibungen umreißt den Begriff ‚aktives Lernen'?
(Anzahl der richtigen Antworten: 1)

Als ‚aktives Lernen' bezeichnet man ...

a. ... autodidaktisches Lernen. ☐
b. ... Lernprozesse, die durch den Ausbilder aktiv gestaltet werden. ☐
c. ... Situationen, in denen der Auszubildende selbstständig Eigeninitiative zeigt oder erwartet wird, dass er diese entwickelt. ☐
d. ... Ausbildungsmethoden, die vom Ausbilder bestimmt werden. ☐
e. ... die Lernmöglichkeiten, die der Betrieb zur Verfügung stellt. ☐

27. Welches Persönlichkeitsmerkmal oder welche Fähigkeit ist die wichtigste Voraussetzung zum aktiven und selbstständigen Lernen?
(Anzahl der richtigen Antworten: 1)

a. Leistungsbereitschaft ☐
b. Kreativität ☐
c. Teamfähigkeit ☐
d. Ordnung halten ☐
e. Ausdauer ☐
f. Kommunikationsfähigkeit ☐

28. Wie können Sie die Bereitschaft zum aktiven Lernen beim Auszubildenden fördern?
(Anzahl der richtigen Antworten: 2)

a. Realistische Ziele setzen ☐
b. Die Konsequenzen für die Abschlussprüfung darstellen ☐
c. Teilerfolge ermöglichen ☐
d. Positive Erfolge negativ beurteilen ☐

29. Eine Hauptaufgabe des Ausbilders ist es, neben der Vermittlung von beruflichen Fertigkeiten und Kenntnissen (Hinführen zur Fachkompetenz) auch langfristig verwertbare, berufsübergreifende Schlüsselqualifikationen zu fördern. Deshalb ist es besonders wichtig, dass die Auszubildenden lernen, wie sie ihre Aufgabe selbstständig planen, durchführen und kontrollieren können. Welche Schlüsselqualifikationen (Fähigkeiten) würden Sie in diesem Zusammenhang besonders fördern?
(Anzahl der richtigen Antworten: 6)

a. Selbstständigkeit in der Arbeitsabwicklung und -planung ☐
b. Sauberkeit und Ordnung halten ☐
c. Eigeninitiative ergreifen können ☐
d. Teamfähigkeit ☐
e. Nach Anweisung arbeiten können ☐
f. Entscheidungsfähigkeit ☐
g. Eigene Grenzen erkennen können ☐
h. Feinmotorische Fähigkeiten ☐
i. Systematisches, analytisches Vorgehen ☐
j. Lern- und Transferfähigkeit ☐
k. Ehrlich sein ☐

Die Auszubildende Alexandra ist 17 Jahre alt und befindet sich im vierten Monat ihrer dreijährigen Ausbildung. Helena ist 21 Jahre alt und wird in fünf Monaten ihre dreijährige Ausbildung beenden. Als Ausbilder sollen Sie den Auszubildenden Arbeitsaufgaben übertragen, die dem jeweiligen Ausbildungsstand entsprechen.

30. Bei den nachfolgenden Aussagen setzen Sie

eine **1**, wenn diese Aufgabe bereits Alexandra ausführen kann,

eine **2**, wenn diese Aufgabe Alexandra noch nicht, aber Helena übertragen werden kann, oder

eine **3**, wenn keiner Auszubildenden diese Aufgabe übertragen werden darf.

Die Auszubildende soll …

a. … selbstständig mit dem Zulieferer Einkaufspreise verhandeln. ☐

b. … selbstständig Ware im Lager einlagern. ☐

c. … Ausbildungsnachweise selbstständig führen. ☐

d. … eine Qualitätsprojektgruppe leiten. ☐

e. … einen Arbeitsauftrag nach Vorgabe bearbeiten. ☐

f. … den eigenen Arbeitsplatz säubern und Ordnung halten. ☐

g. … selbstständig einen Arbeitsauftrag planen und durchführen. ☐

h. … Unfallmeldungen ausfüllen und verantwortlich unterschreiben. ☐

31. Im Rahmen des Hinführens zur Handlungskompetenz ist insbesondere beim Auszubildenden zu fördern, dass er selbstständig eine Arbeitsaufgabe planen, durchführen und kontrollieren kann. Bei den nachfolgenden beschriebenen Teilaufgaben setzen Sie

eine **1**, wenn diese dem Planen zuzuordnen ist,

eine **2**, wenn diese dem Durchführen zuzuordnen ist, oder

eine **3**, wenn diese dem Kontrollieren zuzuordnen ist.

a. Konkretisieren der Aufgaben und Ziele ☐

b. Ausführung der Arbeitsaufgabe ☐

c. Auf Funktion überprüfen ☐

d. Prüfen auf Vollständigkeit und Qualität ☐

e. Entwerfen eines Zeitplans ☐

f. Beschaffung, Rüst- und Vorarbeiten ☐

g. Arbeitszergliederung erstellen und Arbeitsschritte festlegen ☐

h. Kritische Würdigung im Hinblick auf die Ziele ☐

32. Um in Erfahrung zu bringen, ob Sie beim Auszubildenden Verhaltensänderungen durch Ausbilden (Vermitteln von Fertigkeiten und Kenntnissen) oder durch Ihr erzieherisches Wirken (Fördern von Schlüsselqualifikationen) erreichen können, sollten Sie die Kompetenzbereiche unterscheiden können. Welche der aufgeführten Arbeitsaufgaben ordnen Sie der Methodenkompetenz zu?
(Anzahl der richtigen Antworten: 2)

Der Auszubildende soll ...

a. ... selbstständig Entscheidungen treffen. ☐
b. ... eine Banküberweisung ausfüllen. ☐
c. ... mit anderen zusammenarbeiten. ☐
d. ... Verantwortung für andere übernehmen. ☐
e. ... selbstständig eine Arbeitsaufgabe planen. ☐

33. Um herauszufinden, ob Sie beim Auszubildenden Verhaltensänderungen durch Ausbilden (Vermitteln von Fertigkeiten und Kenntnissen) oder durch Ihr erzieherisches Wirken (Fördern von Schlüsselqualifikationen) erreichen können, sollten Sie die Kompetenzbereiche unterscheiden können. Welche der aufgeführten Arbeitsaufgaben ordnen Sie der Sozialkompetenz zu?
(Anzahl der richtigen Antworten: 2)

Der Auszubildende soll ...

a. ... selbstständig Entscheidungen treffen. ☐
b. ... eine Banküberweisung ausfüllen. ☐
c. ... mit anderen zusammenarbeiten. ☐
d. ... Verantwortung für andere übernehmen. ☐
e. ... selbstständig eine Arbeitsaufgabe planen. ☐

› Die Fragen 34 bis 36 beziehen sich auf die Auswahl von geeigneten Arbeitsplätzen „vor Ort“ (dezentrale Ausbildung) für die Ausbildung. Bei dieser Auswahl müssen Sie überprüfen, ob bestimmte Voraussetzungen an diese Arbeitsplätze auch erfüllt werden, damit eine qualifizierte Ausbildung gewährleistet ist.

34. Welche Fragen stellen Sie sich in diesem Zusammenhang, die die Fachkräfte vor Ort betreffen?
(Anzahl der richtigen Antworten: 3)

a. Haben die Fachkräfte eine ausreichende fachliche Qualifikation, um die Inhalte auch vermitteln zu können? ☐
b. Ist Fachliteratur ausreichend vorhanden? ☐
c. Sind die Arbeitsaufgaben interessant und vielfältig? ☐
d. Besteht Bereitschaft, mit der Ausbildungsabteilung zu kooperieren? ☐
e. Sind die Fachkräfte „persönlich“ geeignet? ☐

35. Welche Fragen stellen Sie sich in diesem Zusammenhang, die die Arbeitsaufgaben dort betreffen?
(Anzahl der richtigen Antworten: 3)

a. Liegen bereits Ausbildungserfahrungen der Fachkräfte vor? ☐
b. Wie hoch sind die Anforderungen an die Auszubildenden? ☐
c. Welche Vorkenntnisse müssen die Auszubildenden mitbringen? ☐
d. Ist eine Aufsicht vorhanden? ☐
e. Lässt die Arbeitsorganisation ein selbstständiges Arbeiten zu? ☐

36. Welche Fragen stellen Sie sich in diesem Zusammenhang, die die Lernmöglichkeiten an diesen Arbeitsplätzen betreffen?
(Anzahl der richtigen Antworten: 2)

a. Ist eine Unfallbelehrung notwendig? ☐
b. Können die zugeordneten Ausbildungsziele erreicht werden? ☐
c. Ist eine Betreuung gewährleistet? ☐
d. Kann hier die Sozialkompetenz gefördert werden? ☐
e. Sind Umkleide- und Sozialräume vorhanden? ☐

37. Um eine größtmögliche Effizienz zu erreichen und um Fehlentwicklungen zu vermeiden, sollten die Fachabteilungen mit der Ausbildungsabteilung kooperieren. Welche Möglichkeiten der Zusammenarbeit sind sinnvoll und notwendig?
(Anzahl der richtigen Antworten: 3)

a. Ernennung von Ausbildungsbeauftragten in den Fachabteilungen durch die Ausbildungsabteilung ☐
b. Regelmäßige Treffen zum Erfahrungsaustausch ☐
c. Gemeinsamer Betriebsausflug ☐
d. Gemeinsame Erstellung eines Beurteilungssystems ☐
e. Die Ausbildungsabteilung gibt die Ziele vor. ☐

› Die Fragen 38 bis 40 beziehen sich auf die Beschreibung eines Arbeitsplatzes durch den Abteilungsleiter der Abteilung „Warenlager“, an dem auch Auszubildende eingesetzt werden sollen:

Vorher lesen!

Der Arbeitsplatz ist mit allen bürotechnischen Einrichtungen (PC, Schreibtisch, Bürostuhl etc.) und Hilfsmitteln ausgerüstet. Die Arbeitszeit beginnt um 9:00 Uhr und endet um 17:00 Uhr.
Die ausbildende Fachkraft verfügt über eine langjährige fachliche Erfahrung. Sie betreut seit drei Jahren Auszubildende und hat die AEVO-Prüfung vor zwei Jahren bestanden.
Insbesondere sind folgende Tätigkeiten selbstständig zu erledigen:

- Herausgabe von Waren an das Fachpersonal,
- Pflege des Datenbanksystems: Eintragung ausgegebener und angelieferter Waren,
- Einlagerung angelieferter Waren in das Hochregal,
- Kontrolle des Warenbestands,
- Nachbestellung des Warenbestands.

38. Welche der folgenden wichtigen Fragen ist unbeantwortet geblieben?
(Anzahl der richtigen Antworten: 1)

a. Die Frage nach der Qualifikation der betreuenden Fachkraft ☐
b. Die Frage nach den zu erledigenden Arbeitsaufgaben ☐
c. Die Frage nach der Arbeitszeit ☐
d. Die Frage der Arbeitssicherheit ☐
e. Die Frage nach der Ausstattung des Arbeitsplatzes ☐

39. Welche der folgenden Schlüsselqualifikationen können an diesem Arbeitsplatz besonders gefördert werden?
(Anzahl der richtigen Antworten: 1)

a. Kommunikationsfähigkeit ☐
b. Teamfähigkeit ☐
c. Kooperationsfähigkeit ☐
d. Planungsfähigkeit ☐
e. Lernfähigkeit ☐

40. Die in der Arbeitsplatzbeschreibung beschriebene Fachkraft geht in nächster Zeit in den Ruhestand und soll durch eine neue Fachkraft ersetzt werden. Welche der folgenden Personen wäre aus Ihrer Sicht hierfür geeignet?
(Anzahl der richtigen Antworten: 1)

a. Sabine Wessels, 22 Jahre alt, seit zwei Jahren im Lager tätig ☐
b. Ralf Franke, 32 Jahre alt, Fachkraft für Lagerwirtschaft, AEVO-Prüfung ☐
c. Torsten Schmidt, 21 Jahre alt, Bürokaufmann ☐
d. Klara Reif, 54 Jahre alt, Mutter von drei Kindern ☐
e. Otto Wild, 43 Jahre alt, Gabelstaplerfahrer, zehn Jahre im Lager tätig ☐

41. In den Fachabteilungen werden die Auszubildenden von den Fachkräften praktisch angeleitet. Dazu stehen ihnen mehrere Methoden zur Verfügung. Welche Methoden sind für die Ausbildung vor Ort sinnvoll?
(Anzahl der richtigen Antworten: 4)

a. Brainstorming ☐
b. Vier-Stufen-Methode ☐
c. Anleitung bei Bedarf ☐
d. Rollenspiel ☐
e. Demonstration ☐
f. Leittextmethode ☐
g. Praktische Anleitung über Arbeitsblätter ☐
h. Vortrag ☐
i. Einarbeitungsmethode ☐

42. Bei der Entscheidung, welche Methode vor Ort sinnvoll eingesetzt werden kann, sind bestimmte Kriterien zu berücksichtigen. Von welchen Kriterien ist es abhängig, welche Methode anzuwenden ist?
(Anzahl der richtigen Antworten: 3)

a. Art der Arbeitsaufgabe ☐
b. Zur Verfügung stehende Zeit ☐
c. Ausbildungsstand des Auszubildenden ☐
d. Selbstständiges Lernvermögen des Auszubildenden ☐
e. Einsatzbereitschaft der Fachkraft ☐
f. Leistungswillen des Auszubildenden ☐

43. Je nach Ausbildungsstand und Arbeitsaufgabe sollen Sie die richtige Methode vor Ort anwenden können.

Setzen Sie in das jeweilige Antwortkästchen

eine **1**, wenn die folgend beschriebenen Arbeitsaufgaben mit der **‚Vier-Stufen-Methode'**,

eine **2**, wenn die folgend beschriebenen Arbeitsaufgaben durch **‚Anleitung bei Bedarf'**,

eine **3**, wenn die folgend beschriebenen Arbeitsaufgaben durch **‚Praktische Anleitung über Arbeitsblätter'**, oder

eine **4**, wenn die folgend beschriebenen Arbeitsaufgaben durch die **‚Einarbeitungsmethode'**

vermittelt werden kann.

Der Auszubildende soll …

a. … selbstständig ein neues Gerät in Betrieb nehmen. ☐

b. … das nachmachen, was die Fachkraft vormacht. ☐

c. … bei Schwierigkeiten bei der Fachkraft nachfragen. ☐

d. … komplexere Aufgaben an einem neuen Arbeitsplatz übernehmen. ☐

44. Bringen Sie die Stufen der Methode ‚Anleitung bei Bedarf' in die richtige Reihenfolge von 1 bis 3.

a. Helfen, wenn der Auszubildende auf Schwierigkeiten stößt ☐

b. Besprechung des Ergebnisses ☐

c. Übertragen der Arbeitsaufgabe ☐

› Die Fragen 45 bis 48 beziehen sich auf die Vier-Stufen-Methode.

45. Welches Merkmal trifft auf die erste Stufe zu?
(Anzahl der richtigen Antworten: 1)

Der Auszubildende soll …

a. … in der Lage sein, die Arbeitsaufgabe selbstständig zu erledigen. ☐

b. … die erlernte Fertigkeit durch Üben festigen. ☐

c. … dem Ausbilder erklären, was bei der Arbeitsaufgabe zu beachten ist. ☐

d. … die Aufgabe verstanden und Interesse gewonnen haben. ☐

e. … beobachten, was der Ausbilder vormacht. ☐

46. Welches Merkmal trifft auf die zweite Stufe zu?
(Anzahl der richtigen Antworten: 1)

!

Der Auszubildende soll ...

a. ... in der Lage sein, die Arbeitsaufgabe selbstständig zu erledigen. ☐
b. ... die erlernte Fertigkeit durch Üben festigen. ☐
c. ... dem Ausbilder erklären, was bei der Arbeitsaufgabe zu beachten ist. ☐
d. ... die Aufgabe verstanden und Interesse gewonnen haben. ☐
e. ... beobachten, was der Ausbilder vormacht. ☐

47. Welches Merkmal trifft auf die dritte Stufe zu?
(Anzahl der richtigen Antworten: 1)

Der Ausbilder soll ...

a. ... an der Arbeitsaufgabe Interesse wecken. ☐
b. ... die Arbeitsschritte vormachen. ☐
c. ... den Übungsfortschritt beobachten. ☐
d. ... das Nachmachen beobachten. ☐
e. ... Möglichkeiten zur Transferbildung bereitstellen. ☐

48. Welches Merkmal trifft auf die vierte Stufe zu?
(Anzahl der richtigen Antworten: 1)

Der Ausbilder soll ...

a. ... an der Arbeitsaufgabe Interesse wecken. ☐
b. ... die Arbeitsschritte vormachen. ☐
c. ... den Übungsfortschritt beobachten. ☐
d. ... das Nachmachen beobachten. ☐
e. ... den Arbeitsplatz vorbereiten. ☐

49. Bringen Sie die Stufen der Vier-Stufen-Methode in die richtige Reihenfolge von 1 bis 4.

a. Üben und Transferbildung ☐
b. Vorbereitung des Auszubildenden ☐
c. Nachmachen und Erklären ☐
d. Vormachen und Erklären ☐

50. Der Auszubildende soll lernen, wie man nach vorliegender Rechnung eine Banküberweisung ausfüllt. Was gehört nicht in die erste Stufe (Vorbereitungsphase) der Vier-Stufen-Methode?
(Anzahl der richtigen Antworten: 1)

a. Rechnungen und Überweisungsformulare zurechtlegen ☐

b. Lernziel nennen und Interesse am Lernziel wecken ☐

c. Erklären des Aufbaus einer Banküberweisung ☐

d. Benötigte Arbeitsmittel erklären ☐

51. Ein Ausbilder zeigt zwei Auszubildenden im ersten Ausbildungsjahr mithilfe der Vier-Stufen-Methode, wie sie ein Kupferrohr mit einer Handbügelsäge in 75 cm lange Stücke trennen können. Ordnen Sie die nachfolgenden Schritte den Stufen des in Aufgabe 5 dargestellten Modells zu, indem Sie die Ziffern 1 bis 6 eintragen.

a. Die Auszubildenden sind interessiert, den Umgang mit der Handbügelsäge zu erlernen. Sie wissen allerdings nicht, wie sie diese Fertigkeiten handhaben sollen. ☐

b. Der Ausbilder überträgt nun beiden Auszubildenden die Aufgabe, Aluminiumrohre mit der Handbügelsäge in 30 cm lange Stücke zu trennen. ☐

c. Der Ausbilder gibt das Thema bekannt, nennt die konkreten Lernziele und weist die Vorteile für die beiden Auszubildenden auf, wenn sie den Umgang mit der Handbügelsäge sicher beherrschen. ☐

d. Die beiden Auszubildenden machen nun einzeln die vom Ausbilder präsentierten Arbeitsvorgänge nach und erläutern dabei ihr Handeln. ☐

e. Zur Festigung des Gelernten üben die beiden Auszubildenden nun, zunächst Kupferrohre unter Verwendung der Handbügelsäge in unterschiedlichen Längen zu trennen. ☐

f. Der Ausbilder macht den gesamten Arbeitsvorgang in Teilschritten vor und erklärt dabei das Was, Wie und Warum. ☐

52. Motivation ist ein entscheidender Faktor für das Lernen. Welche der nachstehend aufgeführten Aussagen des Ausbilders würden nicht zur Motivation der Auszubildenden beitragen?
(Anzahl der richtigen Antworten: 1)

a. „Wenn Sie den Umgang mit der Handbügelsäge am Ende sicher beherrschen, können Sie darauf aufbauende Tätigkeiten erlernen." ☐

b. „Ich werde Ihnen den richtigen Gebrauch der Handbügelsäge vormachen, gehe aber davon aus, dass Sie erhebliche Schwierigkeiten beim Erlernen dieser Fertigkeiten haben werden. Das war in vorangegangenen Unterweisungen auch schon so." ☐

c. „Dass Sie den Umgang beherrschen, werden Sie bei Aufgabenstellungen in der Zwischenprüfung unter Beweis stellen müssen." ☐

d. „Das, was Sie heute erlernen sollen, hört sich wahrscheinlich erst einmal schwierig für Sie an. Ich werde Sie entsprechend unterstützen, falls es nicht auf Anhieb klappen sollte." ☐

53. Während des in Aufgabe 51 dargestellten Lernprozesses ist es möglicherweise notwendig, die Auszubildenden kontinuierlich zu motivieren. Wie kann der Ausbilder diesen Hinweis in die Praxis umsetzen?
(Anzahl der richtigen Antworten: 2)

a. Der Ausbilder sollte am Ende der Unterweisung den Lernerfolg der beiden Auszubildenden kommentarlos zur Kenntnis nehmen. ☐

b. Da Auszubildende heute im Allgemeinen am besten in Stresssituationen lernen, sollten sie ständig und penibel genau kontrolliert und geringste Abweichungen sofort korrigiert werden. ☐

c. Für erfolgte kleine Lernfortschritte sollten die Auszubildenden die Anerkennung des Ausbilders erfahren. ☐

d. Bei erfolgreicher Arbeitsausführung sollte der Ausbilder die Auszubildenden loben. ☐

e. Der Ausbilder sollte sich bereits beim Nachmachen durch die Auszubildenden anderen Aufgaben zuwenden, um so die Selbstständigkeit der Auszubildenden zu fördern. ☐

54. Der in Aufgabe 51 dargestellte Lernprozess lässt sich einer Lernart zuordnen. Welche der im Folgenden aufgeführten ist das?
(Anzahl der richtigen Antworten: 1)

a. Lernen durch Versuch, Irrtum und Erfolg ☐

b. Lernen durch Einsicht ☐

c. Lernen durch Nachmachen ☐

55. Um Ausbildungsinhalte zu vermitteln, stehen dem Ausbilder die unterschiedlichsten Methoden zur Verfügung. Dabei werden sogenannte ausbilder- und auszubildendenkonzentrierte Unterweisungsformen unterschieden. Die folgende Übersicht zeigt zunächst drei ausbilderkonzentrierte Unterweisungsformen:

Stufe	1	2	3
1.	Nennung von Thema und Ziel	Einleitung	Erörterung des Themas
2.	Einführung	Gesprächsführung	Verbale Auseinandersetzungen
3.	Ausführen des Themas	Zusammenfassung	Zusammenfassung
4.	Zusammenfassung		

Ordnen Sie nun die entsprechende Ziffer den zugehörigen Methoden zu.

a. Moderierte Diskussion ☐

b. Kurzvortrag ☐

c. Lehrgespräch ☐

56. Welche Ziele kann der Ausbilder durch einen Kurzvortrag erreichen?
(Anzahl der richtigen Antworten: 3)

a. Einführung in eine neue Thematik ☐

b. Vermittlung von Fertigkeiten ☐

c. Erklärung von Ausbildungszielen und -absichten ☐

d. Beachten von Unfallverhütungsvorschriften ☐

e. Schnelle Vermittlung von Faktenwissen ☐

57. Welche Hinweise sollte der Ausbilder beachten, um einen Kurzvortrag lernwirksam zu gestalten?
(Anzahl der richtigen Antworten: 2)

a. Man sollte kurze und einfache Sätze formulieren. ☐

b. Die sprachliche Darstellung sollte möglichst viele Fremdwörter beinhalten, damit die Ausführungen interessanter werden. ☐

c. Zwischenfragen sollten nicht zugelassen werden, damit der Vortrag flüssiger gehalten werden kann. ☐

d. Eine Gliederung ist nicht notwendig, da der Verlauf des Vortrags nicht planbar ist. ☐

e. Der Vortrag soll durch anregende Beispiele interessanter gestaltet werden. ☐

58. Bei welchen Ausbildungszielen würden Sie den Kurzvortrag lernwirksam einsetzen?
(Anzahl der richtigen Antworten: 3)

Der Auszubildende soll ...

a. ... die wichtigsten Unfallvorschriften beachten. ☐

b. ... zwischen Brutto- und Nettokosten unterscheiden können. ☐

c. ... die Bedeutung der Wichtigkeit der neuen Aufgabe erkennen. ☐

d. ... ein Scheckeinreichungsformular ausfüllen können. ☐

e. ... ein Feinblech anreißen können. ☐

f. ... die Grundsatzaufgaben der Personalabteilung erkennen. ☐

59. Was sollten Sie während eines Kurzvortrags beachten, um eine größtmögliche Lernmotivation bei den Auszubildenden zu erreichen?
(Anzahl der richtigen Antworten: 3)

Sie sollten ...

a. ... eine kühle Atmosphäre schaffen, damit die Auszubildenden nicht abgelenkt werden. ☐

b. ... mit Ironie Fragen von Auszubildenden beantworten, damit Ihr Vortrag aufgelockert wird. ☐

c. ... mit freundlichem Humor den Vortrag auflockern. ☐

d. ... Gestik und Mimik angemessen einsetzen. ☐

e. ... sich auf das Wesentliche beschränken. ☐

f. ... während des Kurzvortrags schnell reden, damit er auch schneller verstanden wird. ☐

60. Wann sollte der Ausbilder das Lehrgespräch einsetzen bzw. welche Ziele können mit diesem erreicht werden?
(Anzahl der richtigen Antworten: 2)

Das Lehrgespräch kann eingesetzt werden ...

a. ... zum Informations- und Erfahrungsaustausch. ☐

b. ... zur Entwicklung von Wegen zur Problemlösung. ☐

c. ... zur Überleitung in ein neues Sachgebiet. ☐

d. ... zur Vermittlung von Fertigkeiten. ☐

e. ... zum Aufbau sozialer Bezüge in der Gruppe. ☐

61. Bei wem liegt in der Regel die Führung des Lehrgesprächs?
(Anzahl der richtigen Antworten: 1)

a. Es wird ein Gesprächsleiter aus den Reihen der Auszubildenden gewählt. ☐

b. Ein Lehrgespräch bedarf keiner konkreten Führung. ☐

c. Der Auszubildende, der sich im Gespräch als Wortführer durchsetzt ☐

d. Die Führung wird während des Gesprächs vom Ausbilder wahrgenommen. ☐

e. Der Ausbilder bestimmt einen Auszubildenden. ☐

62. Welche Methode würden Sie im Folgenden bei den genannten Lernzielen bzw. Themen einsetzen?

Setzen Sie in das jeweilige Antwortkästchen

eine **1**, wenn Ihr Vorhaben sinnvoll mit der **Vier-Stufen-Methode**,

eine **2**, wenn Ihr Vorhaben sinnvoll mit dem **Kurzvortrag**, oder

eine **3**, wenn Ihr Vorhaben sinnvoll mit dem **Lehrgespräch** erreicht werden kann.

a. Welche in der Abteilung Warenversand gemachten Erfahrungen können die Auszubildenden auch auf andere Abteilungen übertragen? ☐

b. Wie vermitteln Sie die wichtigsten Unfallverhütungsvorschriften, die im Lager zu beachten sind? ☐

c. Wie vermitteln Sie die Aufgaben der Personalabteilung? ☐

d. Die Auszubildenden sollen Urlaubsanträge ausfüllen können. ☐

e. In welcher Weise ist es sinnvoll, eine neue Arbeitsaufgabe zu planen? ☐

f. Die Auszubildenden sollen Eingangsbestellungen bearbeiten können. ☐

63. Welche Schlüsselqualifikationen können mit dem Lehrgespräch insbesondere gefördert werden?
(Anzahl der richtigen Antworten: 1)

a. Teamfähigkeit ☐

b. Kommunikationsfähigkeit ☐

c. Motorisches Geschick ☐

d. Selbstständiges Planen ☐

e. Selbstständiges Lernen ☐

64. Das Lehrgespräch kann vom Ausbilder besprechend bzw. fragend entwickelt werden. Welche Anforderung soll die Frageformulierung erfüllen?
(Anzahl der richtigen Antworten: 2)

a. Es sollen offene Fragen (Was? Wie? Warum? etc.) gestellt werden. ☐

b. Das Fragewort soll in der Mitte des Fragesatzes stehen. ☐

c. Zuerst wird der Auszubildende angesprochen und dann wird ihm die Frage gestellt. ☐

d. Fragen sollen als Impulse zum Weiterdenken anregen. ☐

e. Alternativfragen sind am sinnvollsten, da sie nur mit einem Ja oder Nein beantwortet werden müssen. ☐

65. Der Ausbilder kann Diskussionen, Gruppengespräche und auch ganze Sacharbeiten moderierend begleiten. In welchen Aussagen erfüllt der Ausbilder seine Aufgabe als Moderator richtig?
(Anzahl der richtigen Antworten: 3)

Der Ausbilder ...

a. ... bestimmt die Beziehungsebenen zwischen den Gruppenmitgliedern. ☐

b. ... hilft bei der Einhaltung von aufgestellten Spielregeln. ☐

c. ... versucht konsequent, das gesteckte Ziel durchzusetzen. ☐

d. ... stellt klärende Fragen. ☐

e. ... hilft bei der sachlichen Gliederung der zu besprechenden Thematik. ☐

66. Welche der folgenden Absichten kann durch den Ausbilder moderiert werden?
(Anzahl der richtigen Antworten: 5)

a. Eine Diskussion zur Findung einer Problemlösung ☐

b. Kenntnisse der wichtigsten Unfallverhütungsvorschriften ☐

c. Eine Gruppenarbeit der Auszubildenden ☐

d. Die Verteilung von Sachaufgaben innerhalb einer Gruppe ☐

e. Die Vermittlung einer Grundfertigkeit ☐

f. Eine Besprechung mit Zielvorgaben ☐

g. Einarbeitung an einem neuen Arbeitsplatz ☐

h. Ganzheitliche Projekte ☐

67. Welchen Unterweisungsformen würden Sie die folgenden Methoden zuordnen?

1. Kurzvortrag
2. Lehrgespräch
3. Moderierte Diskussion
4. Vier-Stufen-Methode
5. Setzen Sie diese Kennziffer, wenn keine der genannten Methoden zu den Unterweisungsformen passt.

Tragen Sie die entsprechenden Ziffern in das Antwortkästchen ein (Doppelnennungen sind möglich).

a. Vortragende Unterweisungsform ☐

b. Vormachende Unterweisungsform ☐

c. Vorführende Unterweisungsform ☐

d. Entwickelnd besprechende Unterweisungsform ☐

e. Erarbeitende Unterweisungsform ☐

f. Verarbeitende Unterweisungsform ☐

68. Sie haben vor, eine Gruppenarbeit mit Ihren Auszubildenden durchzuführen, in der ein neues Thema erarbeitet werden soll. Sie teilen die Auszubildenden in Gruppen auf. Wie wird diese Art der Gruppe pädagogisch bezeichnet?
(Anzahl der richtigen Antworten: 1)

a. Primärgruppe ☐
b. Informelle Gruppe ☐
c. Formelle Gruppe ☐
d. Arbeitsgruppe ☐
e. Menge ☐

69. Sie haben vor, eine Gruppenarbeit mit Ihren Auszubildenden durchzuführen, in der ein neues Thema erarbeitet werden soll. Sie fordern die Auszubildenden auf, sich selbst in Gruppen aufzuteilen. Wie wird diese Art der Gruppe pädagogisch bezeichnet?
(Anzahl der richtigen Antworten: 1)

a. Primärgruppe ☐
b. Informelle Gruppe ☐
c. Formelle Gruppe ☐
d. Arbeitsgruppe ☐
e. Menge ☐

70. Sie haben den Prozess, wie sich die Auszubildenden selbst in Gruppen finden und Gruppen bilden, im Hintergrund beobachtet. Was könnten Motive des Einzelnen gewesen sein, sich einer bestimmten Gruppe anzuschließen?
(Anzahl der richtigen Antworten: 3)

a. Sympathie für andere ☐
b. Entscheidungsdruck durch den Ausbilder ☐
c. Verfolgen gleicher Ziele, gleicher Interessen ☐
d. Der Wille, eine Aufgabe bzw. Rollezu übernehmen ☐
e. Keine besonderen Motive ☐

71. Die Auszubildenden sollen selbstständig (aktives, selbstgesteuertes Lernen) in Form einer Gruppenarbeit die Fragestellung „Wie könnten wir in der Produktion Transportwege vereinfachen?" bearbeiten. Welche Vorteile hat diese Art des Lernens?
(Anzahl der richtigen Antworten: 3)

a. Die Gruppe bestimmt in einem zeitlichen Rahmen ihr Lerntempo selbst. ☐
b. Das Lernen in der Gruppe kann effizienter sein, weil jeder Einzelne seine Stärken einbringen kann. ☐
c. Die Gruppenarbeit entlastet den Ausbilder und er kann sich anderen Aufgaben widmen. ☐
d. Der Stärkere kann sich dominant durchsetzen. ☐
e. Die Teamfähigkeit der Einzelnen wird gefördert. ☐

72. Welche Schlüsselqualifikationen können insbesondere in der Gruppenarbeit gefördert werden?
(Anzahl der richtigen Antworten: 3)

a. Motorisches Geschick ☐

b. Ausdauer ☐

c. Teamfähigkeit ☐

d. Problemlösefähigkeit ☐

e. Kommunikationsfähigkeit ☐

73. Die folgenden Aussagen beziehen sich auf den Begriff „Gruppe". Kreuzen Sie die richtigen Aussagen an.
(Anzahl der richtigen Antworten: 3)

a. Minderheiten neigen dazu, Gruppen zu bilden. ☐

b. Jede Gruppe von jungen Menschen außerhalb des Betriebs bezeichnet man als informelle Gruppe. ☐

c. Informelle Gruppen entstehen in der Regel in formellen Gruppen bzw. aus ihnen heraus. ☐

d. Jede Gruppe von Auszubildenden bezeichnet man als formelle Gruppe. ☐

e. Wenn drei Auszubildende sich gut verstehen und in ihrer Freizeit oft zusammenkommen, dann spricht man von einer informellen Gruppe. ☐

74. Warum kann sich die selbstgesteuerte Gruppenarbeit lernmotivierend auf den Einzelnen auswirken?
(Anzahl der richtigen Antworten: 3)

a. Der Leistungsdruck ist geringer, weil der Einzelne nicht so sehr in der Beobachtung und Bewertung steht. ☐

b. Der Einzelne kann andere arbeiten lassen. ☐

c. Das Lerntempo kann besser der Gruppe angepasst werden. ☐

d. Schwächen Einzelner können durch die Stärken anderer ausgeglichen werden. ☐

e. Die Auszubildenden bestimmen die Lernziele selbst. ☐

75. Bei der durchgeführten Gruppenarbeit beobachten Sie, dass die Auszubildende Helena eine gewisse Führerschaft in der Gruppe übernommen hat. Welche Eigenschaften bzw. Verhaltensweisen haben ihr diese Rolle eingebracht?
(Anzahl der richtigen Antworten: 1)

a. Sie zeigt Zurückhaltung und strahlt Ruhe aus. ☐

b. Sie hat eine hohe fachliche Leistungsfähigkeit. ☐

c. Sie löst Konflikte in der Gruppe. ☐

d. Sie hat ein hohes Maß an Kreativität und Ideenreichtum. ☐

e. Sie setzt sich für die Gruppe nach außen energisch ein. ☐

76. Bei gruppendynamischen Prozessen entwickeln sich in Gruppen Rollen, die leicht mit sogenannten Funktionen verwechselt werden.

Setzen Sie in das jeweilige Antwortkästchen

eine **1**, wenn es sich bei dem Genannten um eine typische **Rolle**, oder

eine **2**, wenn es sich bei dem Genannten um eine typische **Funktion** handelt.

a. Vom Ausbilder bestimmter Auszubildender als „Pate“ ☐

b. Außenseiter ☐

c. Gruppenführer ☐

d. Ein Auszubildender, der (täglich wechselnd) für andere Frühstück holt ☐

e. Mitläufer ☐

77. Was versteht man im psychologischen Sinne unter einer Rolle?
(Anzahl der richtigen Antworten: 1)

a. Aufgaben der Einzelnen, die durch den Ausbilder bestimmt werden ☐

b. Erwartungshaltung anderer, die die Verhaltensweisen des Einzelnen bestimmen ☐

c. Rolle ist gleichzusetzen mit dem Rang in der Gruppe ☐

d. Eine Rolle erhält man von anderen aufgetragen. ☐

e. Rollen werden demokratisch von der Gruppe gewählt. ☐

78. Wann kommt es im psychologischen Sinne zu einem Rollenkonflikt?
(Anzahl der richtigen Antworten: 1)

a. Wenn Konflikte zwischen verschiedenen Gruppen entstehen ☐

b. Wenn ein Auszubildender sich nicht entscheiden kann, etwas zu tun ☐

c. Wenn zwei Auszubildende sich streiten ☐

d. Wenn ein Auszubildender mehreren Rollen in verschiedenen Gruppen entsprechen soll, die sich in ihren Anforderungen widersprechen ☐

e. Wenn ein Auszubildender genau weiß, was jetzt zu tun ist ☐

79. Die unten stehende Übersicht stellt vier verschiedene Methoden dar, die vom Ausbilder in Gruppen eingesetzt werden können. Für welches Ziel würden Sie welche Methode einsetzen?

Stufung	Demonstration	Rollenspiel	Moderierte Diskussion	Brainstorming
1. Stufe	Einleitung	Themen- u. Rollenzuteilung	Erörterung des Themas	Ziele und Spielregeln erläutern
2. Stufe	Vorführen/Anschauen	Vorbereitung auf die Rolle	Verbale Auseinandersetzung	Ideensammlung/-produktion
3. Stufe	Denkendes Erfassen	Spielphase	Zusammenfassung	Sichtung
4. Stufe	Vollziehen der Erkenntnisse	Analyse		Auswertung und Präsentation
5. Stufe	Zusammenfassen und Übertragen	Erörterung		
6. Stufe		Zusammenfassung		

Setzen Sie in das jeweilige Antwortkästchen

eine **1**, wenn sich das Ausbildungsziel am sinnvollsten mit der **Demonstration**,

eine **2**, wenn sich das Ausbildungsziel am sinnvollsten mit dem **Rollenspiel**,

eine **3**, wenn sich das Ausbildungsziel am sinnvollsten mit einer **moderierten Diskussion**, oder

eine **4**, wenn sich das Ausbildungsziel am sinnvollsten mit einem **Brainstorming**

erreichen lässt.

Die Auszubildenden sollen ...

a. ... sich entscheiden, welcher der beste Weg ist, um das entstandene Problem „Sauberkeit im Pausenraum“ zu lösen. ☐

b. ... Verhaltensweisen gegenüber den Kunden trainieren. ☐

c. ... Ideen sammeln, wie der nächste „Tag der offenen Tür“ gestaltet werden kann. ☐

d. ... Funktionszusammenhänge einer Verbrennungsmaschine erkennen. ☐

80. Wann sollten Sie insbesondere die Demonstration einsetzen?
(Anzahl der richtigen Antworten: 1)

Die Demonstration sollte insbesondere eingesetzt werden …

a. … zum Ende der Ausbildung zur Prüfungsvorbereitung. ☐

b. … um Fertigkeiten zu erlernen. ☐

c. … um Verhaltensweisen zu trainieren. ☐

d. … zu Beginn der Ausbildung, da die Auszubildenden noch nicht über ein ausreichendes Abstraktionsvermögen verfügen. ☐

e. … um Problemlösungswege zu finden. ☐

81. Wann sollten Sie insbesondere das Rollenspiel einsetzen?
(Anzahl der richtigen Antworten: 1)

Das Rollenspiel sollte insbesondere eingesetzt werden …

a. … zum Ende der Ausbildung zur Prüfungsvorbereitung. ☐

b. … um Fertigkeiten zu erlernen. ☐

c. … um Verhaltensweisen zu trainieren. ☐

d. … zu Beginn der Ausbildung, da die Auszubildenden noch nicht über ein ausreichendes Abstraktionsvermögen verfügen. ☐

e. … um Problemlösungswege zu finden. ☐

82. Wann sollten Sie insbesondere die moderierte Diskussion einsetzen?
(Anzahl der richtigen Antworten: 1)

Die moderierte Diskussion sollte insbesondere eingesetzt werden …

a. … zum Ende der Ausbildung zur Prüfungsvorbereitung. ☐

b. … um Fertigkeiten zu erlernen. ☐

c. … um Verhaltensweisen zu trainieren. ☐

d. … zu Beginn der Ausbildung, da die Auszubildenden noch nicht über ein ausreichendes Abstraktionsvermögen verfügen. ☐

e. … um Problemlösungswege zu finden. ☐

83. Ein wichtiges Ziel des aktiven und selbstgesteuerten Lernens in Auszubildendengruppen ist es, dass sich diese Arbeitsgruppen zu Teams entwickeln. Was sind die wesentlichen Merkmale von Auszubildendenteams?
(Anzahl der richtigen Antworten: 4)

a. Die einzelnen Auszubildenden fühlen sich für das gesamte Team verantwortlich. ☐
b. Der Ausbilder gibt die Teamziele vor. ☐
c. Entstandene Konflikte und Probleme werden vom Ausbilder gelöst. ☐
d. Die Auszubildenden setzen sich selbstständig gemeinsame Ziele. ☐
e. Jeder einzelne Auszubildende bringt seine Stärken in das Team ein. ☐
f. Konflikte löst das Team selbst. ☐

84. Die folgenden Aussagen beziehen sich auf den Teambegriff. Kreuzen Sie die richtigen Aussagen an.
(Anzahl der richtigen Antworten: 3)

a. Gruppen entwickeln sich automatisch zu einem Team, wenn die gestellten Aufgaben interessant sind. ☐
b. Teamarbeit bedeutet, dass die individuellen Bedürfnisse zugunsten des Teams zurückgestellt werden. ☐
c. Verwöhnte Jugendliche haben es in der Regel schwerer, ihre Rolle im Team zu finden. ☐
d. Die Gruppe von Auszubildenden, die über ein Problem diskutiert, ist ein typisches Team. ☐
e. Wenn ein Auszubildender still und konzentriert seine Arbeit im Team erledigt, dann ist er nicht teamfähig. ☐
f. Dass sich eine Gruppe zum Team entwickeln kann, hängt in hohem Maß von der Kommunikationsfähigkeit der Einzelnen ab. ☐
g. Wenn ein Ausbilder mit der Vier-Stufen-Methode Fertigkeiten vermittelt, dann sind Ausbilder und Auszubildende ein Team. ☐

85. Wie kann ein Ausbilder die Teamentwicklung fördern?
(Anzahl der richtigen Antworten: 3)

Der Ausbilder …

a. … wendet häufig Methoden zum selbstgesteuerten Lernen wie z. B. die Projektmethode an. ☐
b. … setzt Rollenspiele zum Training der Kommunikationsfähigkeit ein. ☐
c. … wendet meist die Vier-Stufen-Methode an. ☐
d. … nimmt die Rolle des Coachs und Beraters ein. ☐
e. … gibt Ziele vor und kontrolliert diese konsequent. ☐

86. Die unten stehende Übersicht stellt drei verschiedene Methoden dar, die vom Ausbilder eingesetzt werden können, um das aktive und selbstgesteuerte Lernen in Gruppen zu fördern.

Stufung	1	2	3
1. Stufe	Problemanalyse	Informieren	Verabredung der Projektaufgabe
2. Stufe	Aufbereitung von Informationen	Planen	Planung
3. Stufe	Erarbeitung von Lösungsansätzen	Entscheiden	Durchführung
4. Stufe	Entscheidung für eine Lösung	Ausführen	Kontrolle und Beurteilung
5. Stufe	Feedback	Kontrollieren	Dokumentation
6. Stufe		Bewerten	

Ordnen Sie nun die entsprechende Ziffer den zugehörigen Methoden zu.

a. Projektmethode ☐

b. Fallmethode ☐

c. Leittextmethode ☐

87. Wodurch zeichnet sich die Fallmethode aus?
(Anzahl der richtigen Antworten: 1)

Die Fallmethode ...

a. ... wird angewendet bei der Betrachtung richterlicher Fälle. ☐

b. ... ist eine entwickelnde Unterweisungsform. ☐

c. ... ist ähnlich dem Lehrgespräch aufgebaut. ☐

d. ... wird insbesondere zu Beginn der Ausbildung eingesetzt. ☐

e. ... ist eine theoretische Durchdringung einer realen Problemsituation. ☐

88. Welche Aufforderung könnte bei der Fallmethode an die Auszubildenden gerichtet werden?
(Anzahl der richtigen Antworten: 1)

Die Auszubildenden sollen …

a. … selbstständig ein Modell eines Elektromotors herstellen. ☐

b. … nach Anweisung Daten in ein PC-Programm eingeben. ☐

c. … selbstständig erarbeiten, welche Auswirkung die Nichtbearbeitung einer Kundenbeschwerde auf das Unternehmen haben könnte. ☐

d. … mithilfe von textlichen Anleitungen eine Steuerung für eine Produktionsanlage bauen. ☐

e. … Ideen zur Gestaltung der neuen Kantine sammeln. ☐

89. Welche Aufforderung könnte bei der Leittextmethode an die Auszubildenden gerichtet werden?
(Anzahl der richtigen Antworten: 1)

Die Auszubildenden sollen …

a. … selbstständig ein Modell eines Elektromotors herstellen. ☐

b. … nach Anweisung Daten in ein PC-Programm eingeben. ☐

c. … selbstständig erarbeiten, welche Auswirkung die Nichtbearbeitung einer Kundenbeschwerde auf das Unternehmen haben könnte. ☐

d. … mithilfe von textlichen Anleitungen eine Steuerung für eine Produktionsanlage bauen. ☐

e. … Ideen zur Gestaltung der neuen Kantine sammeln. ☐

90. Welche Aufforderung könnte bei der Projektmethode an die Auszubildenden gerichtet werden?
(Anzahl der richtigen Antworten: 1)

Die Auszubildenden sollen …

a. … selbstständig ein Modell eines Elektromotors herstellen. ☐

b. … nach Anweisung Daten in ein PC-Programm eingeben. ☐

c. … selbstständig erarbeiten, welche Auswirkung die Nichtbearbeitung einer Kundenbeschwerde auf das Unternehmen haben könnte. ☐

d. … mithilfe von textlichen Anleitungen eine Steuerung für eine Produktionsanlage bauen. ☐

e. … Ideen zur Gestaltung der neuen Kantine sammeln. ☐

91. Die folgenden Aussagen beziehen sich auf die Leittextmethode, die das aktive und selbstgesteuerte Lernen fördern soll. Kreuzen Sie die richtigen Aussagen an.
(Anzahl der richtigen Antworten: 2)

a. Die Leittextmethode soll die Auszubildenden zum „Selbst-Lernen" anleiten. ☐

b. Die Leittextmethode kann nicht nur bei Gruppen von Auszubildenden angewendet werden, sondern auch bei Einzelarbeiten. ☐

c. Leittexte werden von den Auszubildenden selbst entwickelt. ☐

d. Mit der Leittextmethode wird ein beschriebener Fall theoretisch abgearbeitet. ☐

e. Die Ausbildungsziele definieren die Auszubildenden selbst. ☐

92. Die folgenden Aussagen beziehen sich auf die Projektmethode, die wie die Leittextmethode das aktive und selbstgesteuerte Lernen fördern soll. Kreuzen Sie die richtigen Aussagen an.
(Anzahl der richtigen Antworten: 2)

a. Typisch für die Projektarbeit in der Ausbildung ist eine ganzheitliche Arbeitsaufgabe. ☐

b. Der Projektablauf wird vom Ausbilder konzeptionell vorgegeben. ☐

c. Während der Durchführung eines Projekts werden nur wenige Schlüsselqualifikationen gefördert. ☐

d. Die Projektmethode hat eine jahrzehntelange pädagogische Tradition. ☐

e. Den Arbeitsablauf planen die Auszubildenden selbstständig. ☐

93. Welche Schlüsselqualifikationen können insbesondere durch die Projektarbeit gefördert werden?
(Anzahl der richtigen Antworten: 3)

a. Ordnung und Sauberkeit ☐

b. Teamfähigkeit ☐

c. Kommunikationsfähigkeit ☐

d. Problemlösefähigkeit ☐

e. Ausdauer ☐

f. Pünktlichkeit ☐

94. Anders als bei den ausbilderkonzentrierten Unterweisungen müssen sich die Auszubildenden selbst orientieren, wenn sie selbstständig und aktiv lernen sollen (selbstgesteuertes Lernen). An welcher Fragestellung können sich die Auszubildenden, bezogen auf das Ausbildungsziel, orientieren?
(Anzahl der richtigen Antworten: 1)

a. Was sind die Firmengrundsätze? ☐

b. Wozu bin ich nach dem Lernprozess fähig? ☐

c. Welche Arbeitsmittel wende ich an? ☐

d. Wie bewerte ich meine Lernergebnisse? ☐

e. Welche Lern- und Arbeitstechniken soll ich anwenden? ☐

95. Ausbildungsmittel werden grundsätzlich in sogenannte Arbeitsmittel (originale Gegenstände des Arbeitsgebiets) und Medien (Lehr- und Lernmittel) unterschieden.

Setzen Sie in das jeweilige Antwortkästchen

eine **1**, wenn es sich bei dem genannten Gegenstand um ein Medium, oder

eine **2**, wenn es sich bei dem genannten Gegenstand um ein Arbeitsmittel handelt.

a. Overheadprojektor (auch: Arbeits- oder Tageslichtprojektor) ☐

b. Bohrmaschine ☐

c. PC ☐

d. Flip-chart ☐

e. Pinnwand ☐

f. Fachbücher und -zeitschriften ☐

g. Fotokopierer ☐

h. Whiteboard ☐

i. PC-Lernprogramme ☐

96. Die richtige Auswahl von Ausbildungsmitteln ist abhängig von der eingesetzten Methode und den zu erreichenden Zielen. Folgende Ausbildungsmittel stehen Ihnen zur Verfügung:

1. Overheadprojektor, Arbeitstransparente
2. Pinnwände
3. Diagramme, Übersichtszeichnungen, Organigramme
4. Originale Arbeitsmittel
5. Fachbücher, Lehrfilme, Powerpoint-Präsentation

Ordnen Sie das entsprechende Ausbildungsmittel den unten stehenden Fragen so zu, dass Sie das gesteckte Ziel am ehesten erreichen.

a. Sollen Zusammenhänge dargestellt werden? ☐

b. Sollen Vorschläge zur Problemlösung gesammelt werden? ☐

c. Sollen die Ausbildungsmittel den Kurzvortrag unterstützen? ☐

d. Sollen Fertigkeiten vermittelt werden? ☐

e. Sollen vorrangig nur Informationen vermittelt werden? ☐

97. Für welchen Einsatz ist das Medium Overheadprojektor besonders geeignet?
(Anzahl der richtigen Antworten: 1)

a. Demonstration der Funktionsweise, z, B. einer Kaffeemaschine ☐

b. Darstellung eines Rollenspiels ☐

c. Dokumentation des Ergebnisses einer moderierten Diskussion ☐

d. Darstellung eines Ausbildungsplans vor einer Gruppe ☐

e. Vormachen einer Fertigkeit ☐

98. Welche Umgangsregeln sollten Sie beim Einsatz eines Overheadprojektors besonders beachten?
(Anzahl der richtigen Antworten: 3)

a. Benutzen Sie die sogenannte Abdecktechnik, um auf besondere Textstellen aufmerksam zu machen. ☐

b. Lesen Sie von dem an der Wand projizierten Bild den Text ab und nicht direkt von der Arbeitsfläche des Projektors. ☐

c. Halten Sie Blickkontakt zu den Auszubildenden. ☐

d. Legen Sie zügig eine Folie nach der anderen auf und lesen Sie diese vor. ☐

e. Stehen Sie nicht im Blickfeld der Betrachter. ☐

99. Welche Gestaltungsregeln sollten Sie bei der Herstellung von Arbeitstransparenten (Folien) beachten?
(Anzahl der richtigen Antworten: 2)

Gestalten Sie Ihre Arbeitstransparente ...

a. ... möglichst einfarbig, um nicht vom Wesentlichen abzulenken. ☐

b. ... mit Überschriften und Hervorhebungen. ☐

c. ... mit bildlichen oder grafischen Darstellungen. ☐

d. ... ohne erkennbare Struktur, um noch genügend Spielraum für die verbale Darstellung zu lassen. ☐

e. ... mit einer möglichst großen Informationsfülle. ☐

100. Die folgenden Aussagen beziehen sich auf Ausbildungsmittel. Kreuzen Sie die richtigen Aussagen an.
(Anzahl der richtigen Antworten: 5)

a. Arbeitstransparente sollen eine möglichst große Informationsfülle auf einmal anbieten. ☐

b. Arbeitsprojektion nennt man die Projektion von Filmen aus der Arbeitswelt. ☐

c. Arbeitstransparente können mithilfe von Filzstiften selbst erstellt werden. ☐

d. Bei Ausbildungsmitteln wird zwischen Medien und Arbeitsmitteln unterschieden. ☐

e. Bei der Diaprojektion werden Filme im DIN-A4-Format verwendet. ☐

f. Visuelle Medien haben den Vorteil, dass sie auch den Gehörsinn ansprechen. ☐

g. Diagramme sind bildliche Darstellungen, mit denen Entwicklungen anschaulich dargestellt werden können. ☐

h. Mithilfe der Videoanlage können Verhaltensmuster trainiert werden. ☐

i. Lernprogramme werden meist in Buchform angeboten. ☐

j. Pinnwände eignen sich besonders, um Ergebnisse von Gruppenarbeiten darzustellen. ☐

101. Eine Moderation wird durch den Einsatz von Medien unterstützt. Welche Medien eignen sich insbesondere für die Moderation?
(Anzahl der richtigen Antworten: 1)

a. Technische Modelle und Anschauungstafeln ☐

b. Videokamera und -anlage ☐

c. Computer mit Beamer ☐

d. Flip-chart und Pinnwände ☐

e. Diaprojektor ☐

102. Der Ausbilder bemerkt, dass ein 17-jähriger Auszubildender aus seiner Ausbildungsgruppe seit ca. vier Wochen sehr unkonzentriert seine Tätigkeiten verrichtet. Er hat gravierende Fehler gemacht, die teilweise den Arbeitsablauf ungünstig beeinflusst haben. Wie sollte sich der Ausbilder in diesem Fall verhalten?
(Anzahl der richtigen Antworten: 1)

a. Der Ausbilder sollte verstärkt die Tätigkeit des Auszubildenden kontrollieren, um ihn zu besseren Leistungen zu motivieren. ☐

b. Der Ausbilder sollte dem Auszubildenden nur noch Routinearbeiten übertragen, um ihn nicht zu überfordern. ☐

c. Der Ausbilder sollte die anderen Auszubildenden aus der Ausbildungsgruppe befragen, welche Ursachen hinter den Konzentrationsschwächen stecken könnten. ☐

d. Der Ausbilder sollte in einem sachlichen Gespräch mit dem Auszubildenden über die Hintergründe sprechen und gemeinsam Maßnahmen zur Behebung der Konzentrationsschwächen finden. ☐

103. In der Ausbildung können Auszubildende Verhaltensauffälligkeiten zeigen. Mit welchen müssen Sie am ehesten rechnen?
(Anzahl der richtigen Antworten: 2)

a. Kooperationsfähigkeit ☐

b. Tolerantes Verhalten gegenüber Vorgesetzten ☐

c. Pünktliches Erscheinen am Ausbildungsplatz ☐

d. Freundlichkeit ☐

e. Mangelnde Anstrengungsbereitschaft ☐

f. Umsichtiges Denken und Handeln ☐

g. Provozierendes Verhalten ☐

104. Wie sollte ein Ausbilder auf andauerndes störendes Verhalten eines einzelnen Auszubildenden während eines Lehrgesprächs reagieren?
(Anzahl der richtigen Antworten: 1)

a. Der Ausbilder sollte überhaupt nicht darauf reagieren, denn „der Klügere gibt nach“. ☐

b. Der Ausbilder sollte den Auszubildenden vor allen Auszubildenden tadeln. ☐

c. Der Ausbilder sollte sich nicht provozieren lassen, das heißt ruhig bleiben und in einem Gespräch unter vier Augen versuchen, die Ursache für das Fehlverhalten zu ermitteln. ☐

d. Der Ausbilder sollte den Unterrichtsraum kommentarlos verlassen, um den übrigen Auszubildenden die Gelegenheit zu geben, disziplinierend auf den Auszubildenden einzuwirken. ☐

e. Der Ausbilder sollte seinen Vorgesetzten hinzuziehen, damit dieser den Auszubildenden vor der gesamten Ausbildungsgruppe zur Ordnung ruft. ☐

105. Ein Auszubildender ist heute zum dritten Mal in dieser Woche verspätet zur Ausbildung erschienen. Bisher hat der Ausbilder noch nicht auf das Fehlverhalten reagiert. Wie sollte der Ausbilder aufgrund der Unpünktlichkeit des Auszubildenden handeln?
(Anzahl der richtigen Antworten: 1)

a. Der Ausbilder sollte dem Auszubildenden in einem sachlichen Gespräch unter vier Augen das betriebliche Werte- und Normensystem darlegen, ihn ermutigen, sich zukünftig in diesem Sinne zu verhalten, und Konsequenzen aufzeigen, wenn sich die Einstellung nicht ändern sollte. ☐
b. Der Ausbilder sollte in einem Gespräch unter vier Augen das Verspäten tadeln und unverzüglich eine Abmahnung aussprechen. ☐
c. Der Ausbilder sollte dem Ausbildenden vorschlagen, dem Auszubildenden aus wichtigem Grund zu kündigen. ☐
d. Der Ausbilder sollte den Auszubildenden als Strafe 50-mal aufschreiben lassen: „Ich habe mich entsprechend der Betriebsordnung zu verhalten und pünktlich am Arbeitsplatz zu erscheinen." ☐

106. Der Ausbilder stellt bei einem 17-jährigen Auszubildenden des 1. Ausbildungsjahrs Verhaltensweisen oder Merkmale fest, die darauf schließen lassen, dass der Auszubildende möglicherweise Heroin konsumiert. Um welche Merkmale oder Verhaltensweisen könnte es sich handeln?
(Anzahl der richtigen Antworten: 2)

a. Teilnahmsloses, geistig abwesendes Verhalten ☐
b. Pünktlichkeit ☐
c. Zuverlässigkeit ☐
d. Hohe Konzentrationsfähigkeit ☐
e. Abnehmendes Interesse an der Ausbildung ☐

107. Der Ausbilder sollte sich in einem wie in Aufgabe 106 geschilderten Fall Rat von professioneller Seite holen. Wen könnte der Ausbilder kontaktieren, um letztendlich dem betroffenen Auszubildenden zu helfen?
(Anzahl der richtigen Antworten: 1)

a. Öffentliche Drogenberatungsstelle ☐
b. Berufsschule ☐
c. Bahnhofsmission ☐
d. Berufsbildungsausschuss der zuständigen Stelle ☐

108. In der Ausbildung soll regelmäßig beurteilt und bewertet werden. Welchen Hintergrund hat diese Anforderung?
(Anzahl der richtigen Antworten: 1)

a. Durch systematisches Beurteilen und Bewerten wird der Auszubildende so diszipliniert, dass jegliches Fehlverhalten im Betrieb auszuschließen ist. ☐

b. Durch regelmäßiges Beurteilen und Bewerten kann möglichen Fehlentwicklungen im Leistungs- oder Verhaltensbereich vom Ausbilder entgegengewirkt werden. ☐

c. Regelmäßiges Beurteilen und Bewerten ist betrieblicherseits nicht notwendig, da der Auszubildende eine Rückmeldung über seine Ausbildungsleistungen durch die Berufsschule in Form von Zeugnissen bekommt. ☐

d. Nur die Ausbilder in überbetrieblichen Lernstätten sollen die Auszubildenden beurteilen und bewerten. ☐

e. Da die Auszubildenden in der vorangegangenen allgemeinbildenden Schulausbildung regelmäßig beurteilt und bewertet wurden, ist das seitens des Betriebs nicht mehr notwendig. ☐

109. Wann sollte innerhalb der Ausbildung beurteilt oder bewertet werden?
(Anzahl der richtigen Antworten: 3)

a. Immer nach jedem Ausbildungsmonat ☐

b. Mit Abschluss eines größeren Ausbildungsabschnitts ☐

c. Nach der Probezeit ☐

d. Vor Ende der Probezeit ☐

e. In unregelmäßigen Abständen, höchstens jedoch jährlich ☐

f. Zum Ende der Ausbildung ☐

110. Welche Beurteilungskriterien können für Auszubildende angewendet werden?
(Anzahl der richtigen Antworten: 3)

a. Führungsfähigkeiten ☐

b. Humor ☐

c. Aussehen ☐

d. Qualität der Arbeitsausführung ☐

e. Aktivitäten im Freizeitbereich ☐

f. Lernfähigkeit ☐

g. Persönliches Image im Betrieb ☐

h. Lernbereitschaft ☐

111. Welche Vorteile haben gebundene Beurteilungsverfahren (z. B. Einstufungsverfahren mit verbaler Beurteilung) gegenüber ungebundenen Beurteilungsverfahren (z. B. freie Beurteilungen)?
(Anzahl der richtigen Antworten: 2)

a. Da beide Beurteilungsverfahren nicht miteinander verglichen werden können, ergeben sich weder Vor- noch Nachteile. ☐

b. Bei der ungebundenen Beurteilung wird dem Ausbilder großer sprachlicher Gestaltungsraum gelassen. Dies kann dazu führen, dass die Aussagen in dieser Beurteilungsform Anlass zu Interpretationen geben. ☐

c. Bei der gebundenen Beurteilung werden Aussagen über die Beurteilungsmerkmale standardisiert, d. h., sie sind eher miteinander vergleichbar. ☐

d. Es gibt keine Unterschiede zwischen gebundener und ungebundener Beurteilung. ☐

112. Was soll bei der Erstellung einer Beurteilung beachtet werden?
(Anzahl der richtigen Antworten: 2)

a. Es müssen entsprechende Kriterien, nach denen beurteilt wird, vorliegen. ☐

b. Die Beurteilung wird aufgrund der gelegentlichen persönlichen Eindrücke, die der Ausbilder im Beurteilungszeitraum gesammelt hat, erstellt. ☐

c. Grundlage der Beurteilung ist die regelmäßige Beobachtung durch den Ausbilder oder die Ausbildungsbeauftragten. ☐

d. Beurteilungsfehler können hierbei ausgeschlossen werden, da der Ausbilder oder die Ausbildungsbeauftragten immer objektiv beurteilen. ☐

113. Was ist unter dem Korrekturfehler zu verstehen?
(Anzahl der richtigen Antworten: 1)

a. Der Ausbilder ist immer sehr schnell bereit, seine Beurteilung zu überdenken und zu korrigieren. ☐

b. Der Ausbilder muss vom Ausbildenden gezwungen werden, eine Beurteilung zu korrigieren, weil der Auszubildende sich ungerecht behandelt fühlt. ☐

c. Der Ausbilder ist nicht bereit, eine früher getroffene Einschätzung zu korrigieren, obwohl der Auszubildende nun ein geändertes Verhalten zeigt. ☐

114. Was ist unter „Tendenz zur Mitte" zu verstehen?
(Anzahl der richtigen Antworten: 1)

a. Es gibt nur besonders gute oder sehr schlechte Beurteilungen. ☐

b. Es finden keine individuellen Differenzierungen in der Beurteilung statt; es werden alle Auszubildenden gleich beurteilt – und zwar im mittleren Bereich. ☐

c. Der Ausbilder beurteilt nur in der Mitte der Ausbildungszeit (z. B. vor der Zwischenprüfung). ☐

115. Welche Beurteilungsgrundsätze sollten Sie generell beachten?
(Anzahl der richtigen Antworten: 3)

a. Ihre Beurteilung sollte sich auf schriftlich festgehaltene Beobachtungen beziehen. ☐

b. Der Auszubildende sollte Gelegenheit haben, zu der Beurteilung Stellung zu beziehen. ☐

c. Bei der Darstellung der Beobachtungen sollen negative Aussagen an den Anfang gestellt werden. ☐

d. Eine sorgfältige Vorbereitung ist nicht notwendig, da der Ablauf des Gesprächs nicht planbar ist. ☐

e. Verabreden Sie Maßnahmen zur Behebung eventueller Mängel. ☐

f. Beurteilungsgespräche sollen nur bei Bedarf geführt werden. ☐

116. Durch welche Merkmale sind Multiple-Choice-Aufgaben gekennzeichnet?
(Anzahl der richtigen Antworten: 3)

a. Sie sind objektiv. ☐

b. Sie sind schnell auswertbar. ☐

c. Durch sie wird die berufliche Handlungsfähigkeit nachgewiesen. ☐

d. Sie überprüfen den sprachlichen Gestaltungsspielraum. ☐

e. Man kann schnell einen großen Kenntnisbereich überprüfen. ☐

117. Welcher Einwand wird häufig gegenüber den Alternativantwortaufgaben erhoben?
(Anzahl der richtigen Antworten: 1)

a. Sind schlecht auswertbar ☐

b. Sind nicht objektiv ☐

c. Erfordern einen hohen Auswertungsaufwand ☐

d. Testen nur den sprachlichen Gestaltungsspielraum des Auszubildenden ☐

e. Fördern das Raten der richtigen Lösung ☐

118. Durch welches Merkmal sind Arbeitsproben gekennzeichnet?
(Anzahl der richtigen Antworten: 1)

a. Sie sollen abstrakte Kenntnisse überprüfen. ☐

b. Sie sind sehr objektiv. ☐

c. Durch sie wird die berufliche Handlungsfähigkeit nachgewiesen. ☐

d. Sie überprüfen den sprachlichen Gestaltungsspielraum. ☐

e. Sie sind leicht auswertbar. ☐

› Die Aufgaben 119 bis 121 beziehen sich auf programmierte Aufgabenformen. Setzen Sie in das jeweilige Antwortkästchen

eine **1**, wenn es sich um eine Mehrfachwahlaufgabe,

eine **2**, wenn es sich um eine Alternativantwortaufgabe, oder

eine **3**, wenn es sich um eine Reihenfolgeaufgabe handelt.

!

119. Ausbilden bedeutet nicht nur die Vermittlung von Fertigkeiten und Kenntnissen, sondern auch das erzieherische Hinführen zu Handlungskompetenz. Aus welchem Paragrafen des Berufsbildungsgesetzes wird dieser Ausbildungs- und Erziehungsauftrag abgeleitet?
(Anzahl der richtigen Antworten: 1)

a. § 11 (Berufsausbildungsverhältnis, Vertragsniederschrift)

b. § 13 (Pflichten des Auszubildenden, Verhalten während der Berufsausbildung)

c. § 14 (Pflichten des Ausbildenden, Berufsausbildung)

d. § 27 (Eignung der Ausbildungsstätte)

e. § 29 (Persönliche Eignung) ☐

120. Bringen Sie die unten stehenden didaktischen Fragen in eine sinnvolle Reihenfolge von 1 bis 4.

a. Wann sollen die Ausbildungsinhalte vermittelt werden?

b. Wo können die Ausbildungsinhalte vermittelt werden?

c. Was soll vermittelt werden?

d. Wer kann die Ausbildungsinhalte vermitteln? ☐

121. Sie sollten die Zuständigkeiten im Dualen System kennen. Insbesondere müssen Bundes- und Landesgesetze innerhalb eines Ausbildungsverhältnisses beachtet werden.

Setzen Sie in das jeweilige Antwortkästchen

eine **1**, wenn das genannte Merkmal durch ein Bundesgesetz geregelt ist,

eine **2**, wenn das genannte Merkmal durch ein Landesgesetz geregelt ist.

a. Ausbildungsordnung

b. Berufsschulpflicht

c. Ausbildungsrahmenplan

d. Zuständige Stelle

e. Rahmenlehrplan ☐

122. Lernerfolgskontrollen sind die Basis einer Bewertung und eines Beurteilungsgesprächs. Setzen Sie in das jeweilige Antwortkästchen

eine **1**, wenn es sich bei der Formulierung nur um reine Beobachtung,

eine **2**, wenn es sich bei der Formulierung bereits um eine Bewertung, oder

eine **3**, wenn es sich bei der Formulierung sogar um eine Beurteilung handelt.

a. Frank hat im Test sieben von zehn Aufgaben richtig. ☐

b. Es ist ein großer Fortschritt zu erkennen, der noch gesteigert werden kann, wenn Franks Interessen in die richtigen Bahnen gelenkt werden. ☐

c. Frank erreicht eine befriedigende Leistung. ☐

d. Frank arbeitet nicht mit anderen zusammen. ☐

e. Franks gezeigte Teamfähigkeit entspricht nicht den betrieblichen Erwartungen. ☐

› Die Aufgaben 123 bis 126 beziehen sich auf den Ablauf des im Folgenden formulierten Beurteilungsgesprächs.

Das letzte Beurteilungsgespräch wurde mit Frank vor vier Wochen geführt. Darin wurde vereinbart, dass Frank mehr Einsatz zeigen solle, weil dieser etwas zu wünschen übrig ließ.

In dem heute geführten Gespräch schätzt Frank sich selbst so ein, dass sich seine Einsatzbereitschaft verbessert habe. Er ist außerdem der Meinung, dass seine früher häufig gemachten Fehler während der Arbeit nicht mehr vorkommen und er mit anderen in seiner Abteilung viel besser zusammenarbeiten würde.

Auch der Ausbilder hat durch Beobachtungen festgestellt, dass Frank mehr Einsatzbereitschaft zeigt, was auch von anderen festgestellt wurde. Deswegen handelt er das Gespräch kurz ab. Frank fragt nach dem nächsten Beurteilungsgespräch. Der Ausbilder sagt ihm, dass es nach dem nächsten Ausbildungsabschnitt stattfindet und verabschiedet sich von ihm.

123. Welchen entscheidenden Beurteilungsfehler macht der Ausbilder während des Beurteilungsgesprächs?
(Anzahl der richtigen Antworten: 1)

Zu den Aufgaben 123 bis 126: Bitte Text auf Seite 77 vorher lesen!

a. Tendenz zur Mitte ☐
b. Hof- oder Überstrahlungseffekt ☐
c. Sympathiefehler ☐
d. Korrekturfehler ☐
e. Kontrastfehler ☐

124. Wie beurteilen Sie den Abschluss des Gesprächs?
(Anzahl der richtigen Antworten: 1)

a. Der Situation angemessen ☐
b. Der Ausbilder trifft klare Verabredungen. ☐
c. Der Ausbilder motiviert den Auszubildenden. ☐
d. Der Ausbilder vereinbart keine klaren Ziele. ☐
e. Das nächste Gespräch wird genau terminiert. ☐

125. Welcher Beurteilungsgrundsatz fehlt in diesem Gespräch völlig?
(Anzahl der richtigen Antworten: 1)

a. Aussage zum festgestellten Lernerfolg wird nicht belobigt ☐
b. Beurteilung durch die anderen Auszubildenden ☐
c. Stellungnahmen vom Betriebsrat ☐
d. Beurteilung der Berufsschule ☐
e. Selbstbeurteilung durch den Auszubildenden ☐

126. Wie wäre das Gespräch sinnvoll abgelaufen, wenn der Ausbilder es richtig vorbereitet hätte? Bringen Sie die folgenden Gesprächsablaufpunkte in die richtige Reihenfolge.

a. Auszubildender nimmt Stellung zu den gemachten Beobachtungen. ☐
b. Freundliche Eröffnung des Gesprächs unter vier Augen ☐
c. Folgen verdeutlichen, wenn der Mangel nicht behoben wird ☐
d. Darstellung der Beobachtungen durch den Ausbilder ☐
e. Ergebnis schriftlich festhalten ☐
f. Mit dem Auszubildenden die nächsten Ziele vereinbaren ☐

127. Bevor ein Ausbilder eine Ausbildungseinheit nachbereitet, sollte er wissen, was im Allgemeinen darunter verstanden wird. Welche Aussage umschreibt die sogenannte Nachbereitung der Ausbildung treffend?
(Anzahl der richtigen Antworten: 1)

Unter Nachbereitung der Ausbildung versteht man ...

a. ... die Kontrolle von Lernzielen. ☐

b. ... das Führen von Beurteilungsgesprächen. ☐

c. ... das Ergreifen von Maßnahmen zur Korrektur. ☐

d. ... das Abmahnen bei Nichterreichung von Lernzielen. ☐

e. ... die Bewertung einer Lernzielkontrolle. ☐

128. Welche Fragen sollte der Ausbilder sich innerhalb der Nachbereitung einer Ausbildungseinheit stellen, um Maßnahmen zur Korrektur vornehmen zu können?
(Anzahl der richtigen Antworten: 3)

a. War das Lernziel richtig definiert und ist es verstanden worden? ☐

b. War der Zeitpunkt der Durchführung richtig gewählt? ☐

c. Steht die Unternehmensleitung hinter dem Ziel? ☐

d. War die gesamte Ausbildungsplanung auch zeit- und sachgerecht? ☐

e. Wurden die gesetzlichen Pausenzeiten eingehalten? ☐

129. Die Grundlage für die Nachbereitung einer Ausbildungseinheit bildet die Lernerfolgskontrolle. Welche Aufgabenform sollte der Ausbilder wählen, wenn die Lernerfolgskontrolle folgende Kriterien erfüllen soll?

- **Großer Spielraum bei der Antwortgestaltung**
- **Antwort soll sofort erörtert werden können**
- **Antworten sind nicht vorstrukturiert**

(Anzahl der richtigen Antworten: 1)

a. Aufsatz ☐

b. Mehrfachwahlaufgaben ☐

c. Alternativantwortaufgaben ☐

d. Mündliche Befragung ☐

e. Reihenfolgeaufgaben ☐

130. Die Grundlage für die Nachbereitung einer Ausbildungseinheit bildet die Lernerfolgskontrolle. Welche Aufgabenform sollte der Ausbilder wählen, wenn die Lernerfolgskontrolle folgende Kriterien erfüllen soll?

- **Schnelle Überprüfung und Auswertung**
- **Objektiv**
- **Antworten sind vorstrukturiert**

(Anzahl der richtigen Antworten: 3)

a. Aufsatz ☐

b. Mehrfachwahlaufgaben ☐

c. Alternativantwortaufgaben ☐

d. Reihenfolgeaufgaben ☐

e. Mündliche Befragung ☐

f. Arbeitsprobe ☐

131. In allen anerkannten Ausbildungsberufen werden Zwischenprüfungen durchgeführt. Welche rechtlichen Aspekte stehen dahinter?
(Anzahl der richtigen Antworten: 2)

a. Alle Ausbildungsordnungen schreiben mindestens eine Zwischenprüfung vor. ☐

b. Bei Nichtbestehen der Zwischenprüfung kann dem Auszubildenden gekündigt werden. ☐

c. Die Teilnahme an der Zwischenprüfung ist eine Zulassungsvoraussetzung für die Abschlussprüfung. ☐

d. Das Ergebnis der Zwischenprüfung lässt ausschließlich auf die Mitarbeit des Auszubildenden in der Berufsschule schließen und hat deshalb wenig Aussagekraft für den Ausbildungsbetrieb. ☐

e. Die Zwischenprüfung wird nur vom Ausbildenden durchgeführt, um den Ausbildungsstand des Auszubildenden zu ermitteln. ☐

f. Bei nicht bestandener Zwischenprüfung muss vom Auszubildenden ein Antrag auf Verlängerung der Ausbildung gestellt werden. ☐

132. Welche weiteren Hintergründe hat die Zwischenprüfung?
(Anzahl der richtigen Antworten: 2)

a. Durch die Zwischenprüfung sollen mögliche Lerndefizite des Auszubildenden aufgedeckt werden. ☐

b. Nach der Zwischenprüfung können leistungsstarke Auszubildende einen Antrag auf vorzeitige Zulassung zur Abschlussprüfung stellen. ☐

c. Die Zwischenprüfung gibt keinen Aufschluss über die Lernleistungen im Betrieb, da nur der Stoff der Berufsschule und der überbetrieblichen Ausbildung Prüfungsgegenstand ist. ☐

133. Der Ausbilder bemerkt, dass ein 16-jähriger türkischstämmiger Auszubildender des 1. Ausbildungsjahrs, der seit sechs Jahren in Deutschland lebt, Probleme hat, den ausbilderzentrierten Unterweisungen und dem Unterricht zu folgen. Worin könnten die Ursachen liegen?
(Anzahl der richtigen Antworten: 2)

a. Der Auszubildende versteht die Ausführungen des Ausbilders nicht oder nur teilweise. ☐

b. Der Auszubildende bemüht sich nicht, den Ausführungen des Ausbilders zu folgen und lenkt sich daher sehr schnell selbst ab. ☐

c. Der Auszubildende will den anderen Auszubildenden helfen und kann sich deshalb nicht auf den Ausbilder konzentrieren. ☐

d. Der Auszubildende ist unterfordert; er möchte statt zuhören und zusehen zu müssen lieber selbst als Ausbilder fungieren. ☐

134. Nach einem intensiven Gespräch mit dem Auszubildenden stellt der Ausbilder fest, dass es bei dem Auszubildenden erhebliche Defizite in der deutschen Sprache gibt. Was sollte der Ausbilder unternehmen?
(Anzahl der richtigen Antworten: 1)

a. Der Ausbilder sollte die Defizite ignorieren, denn betriebliche Ausbildung ist kein Ort zur Sprachbildung. ☐

b. Der Ausbilder sollte den Auszubildenden darauf hinweisen, dass es seitens der Agentur für Arbeit ausbildungsbegleitende Hilfen, z. B. für den Abbau von Sprachdefiziten, gibt und ihm anraten, diese für sich in Anspruch zu nehmen. ☐

c. Der Ausbilder unternimmt nichts in der Hoffnung, dass die anderen Auszubildenden ihn derart hänseln, dass er von sich aus beginnt, die Sprachdefizite abzubauen. ☐

135. Wie könnte der Ausbilder in der näheren Zukunft – bevor Sprachergänzungskurse einen Erfolg zeigen – mit dem Auszubildenden umgehen, um ihm Erfolgserlebnisse zu vermitteln?
(Anzahl der richtigen Antworten: 1)

a. Der Ausbilder könnte ihm Aufgaben übertragen, bei denen davon auszugehen ist, dass der Auszubildende diese lösen kann und so sein Selbstwertgefühl steigt. ☐

b. Der Ausbilder könnte dem Auszubildenden Aufgaben geben, die er aller Voraussicht nach nicht lösen kann. Hierbei müsste er sich in besonderem Maße anstrengen. ☐

c. Der Ausbilder überlässt den Auszubildenden komplett sich selbst, da erst die sprachlichen Defizite behoben werden müssen. ☐

Lösungen

1: a, b, e
2: d
3: d, e
4: a, c, e, g
5: a5, b2, c6, d1, e4, f3
6: a, c
7: c
8: c
9: b, d
10: d
11: c
12: a, c
13: c
14: d
15: c, d
16: d
17: a
18: b, e
19: b
20: a, c
21: a, c, e
22: b, c
23: a, b
24: e
25: b, c
26: c
27: a
28: a, c
29: a, c, f, g, i, j
30: a3, b2, c1, d3, e1, f1, g2, h3
31: a1, b2, c3, d3, e1, f1, g1, h3
32: a, e
33: c, d
34: a, d, e
35: b, c, e
36: b, d
37: a, b, d
38: d
39: d
40: b
41: b, c, g, i
42: a, c, d
43: a3, b1, c2, d4
44: a2, b3, c1
45: d
46: e
47: d
48: c
49: a4, b1, c3, d2
50: c
51: a2, b6, c1, d4, e5, f3
52: b
53: c, d
54: c
55: a3, b1, c2
56: a, c, e
57: a, e
58: b, c, f
59: c, d, e
60: a, c
61: d
62: a3, b3, c2, d1, e3, f1
63: b
64: a, d
65: b, d, e
66: a, c, d, f, h
67: a1, b4, c5, d2, e3, f5
68: c
69: b
70: a, c, d
71: a, b, e
72: c, d, e
73: a, c, e
74: a, c, d
75: e
76: a2, b1, c1, d2, e1
77: b
78: d
79: a3, b2, c4, d1
80: d
81: c
82: e
83: a, d, e, f
84: b, c, f
85: a, b, d
86: a3, b1, c2
87: e
88: c
89: d
90: a

91: a, b
92: a, e
93: b, c, d
94: b
95: a1, b2, c2, d1, e1, f1, g2, h1, i1
96: a3, b2, c1, d4, e5
97: d
98: a, c, e
99: b, c
100: c, d, g, h, i
101: d
102: d
103: e, g
104: c
105: a
106: a, e
107: a
108: b
109: b, d, f
110: d, f, h
111: b, c
112: a, c
113: c
114: b
115: a, b, e
116: a, b, e
117: e
118: c
119: 1
120: 3
121: 2
122: a1, b3, c2, d1, e3
123: b
124: d
125: a
126: a3, b1, c4, d2, e6, f5
127: c
128: a, b, d
129: d
130: b, c, d
131: a, c
132: a, b
133: a, b
134: b
135: a

Handlungsfeld 4: Ausbildung abschließen

Inhalte

- Auf Abschlussprüfung vorbereiten
- Zur Abschlussprüfung anmelden
- Ausbildung beenden/verlängern
- Zeugnisse erstellen
- Auf Fort- und Weiterbildungsmöglichkeiten hinweisen

1. Sie wollen Ihre Auszubildenden auf die Abschlussprüfung vorbereiten. Welche Unterlagen sind hilfreich, damit Sie diese Vorbereitung richtig planen können?
(Anzahl der richtigen Antworten: 2)

a. Prüfungsordnung ☐

b. Prüfungsanforderungen ☐

c. Ausbildungsberufsbild ☐

d. Prüfungsunterlagen vergangener Prüfungen ☐

e. Berufsbildungsgesetz ☐

2. Welche Fragen sollten Sie sich stellen, um die Vorbereitung auf die Prüfung inhaltlich richtig zu planen?
(Anzahl der richtigen Antworten: 2)

a. Wo liegen die thematischen Schwerpunkte bei der Prüfung? ☐

b. An welchen Tagen findet die Prüfung statt? ☐

c. Wie setzt sich der Prüfungsausschuss zusammen? ☐

d. Welche Anforderungen werden in der Prüfung gestellt? ☐

e. Wer sind die Prüfer? ☐

3. Die Vorbereitung auf die Abschlussprüfung sollte eine gewisse Systematik aufweisen. Bringen Sie die unten stehenden Punkte in die richtige Reihenfolge.

a. Aufbereitung der Prüfungsschwerpunkte ☐

b. Ermittlung der Prüfungsschwerpunkte ☐

c. Simulation einer Gesamtprüfung ☐

d. Lösen von typischen Prüfungsaufgaben ☐

4. Wie definiert das Berufsbildungsgesetz den Gegenstand einer Abschlussprüfung?
(Anzahl der richtigen Antworten: 3)

Durch die Abschlussprüfung ist festzustellen, ob der Prüfling …

a. … ausreichend teamfähig ist. ☐

b. … die notwendigen Fähigkeiten besitzt. ☐

c. … die erforderlichen Fertigkeiten und Kenntnisse besitzt. ☐

d. … mit dem in der Berufsschule vermittelten Lehrstoff vertraut ist. ☐

e. … die Ausbildungsziele des Unternehmens erreicht hat. ☐

5. Wie kann der Ausbilder entstandene Prüfungsängste mildern?
(Anzahl der richtigen Antworten: 2)

Prüfungsängste werden gemildert durch …

a. … eine systematische Prüfungsvorbereitung. ☐

b. … Androhung von Konsequenzen bei Nichtbestehen. ☐

c. … pädagogische Hinweise, wie z. B. „Man lernt nicht für die Firma, sondern für sich selbst." ☐

d. … durch sachliche Einzelgespräche. ☐

e. … Negativmotivation, wie z. B. „Das werden Sie nie schaffen!" ☐

6. Wie kommt eine Anmeldung zur Abschlussprüfung in der Regel zustande?
(Anzahl der richtigen Antworten: 1)

a. Die Auszubildenden müssen sich bei der zuständigen Stelle selbst anmelden. ☐

b. Der Ausbildungsberater prüft im Ausbildungsbetrieb die Zulassungsvoraussetzungen. ☐

c. Der Ausbildungsbetrieb kennt die Termine der Prüfung und muss einen formlosen Antrag stellen. ☐

d. Die Berufsschule meldet ihre Schüler zur Prüfung an. ☐

e. Die zuständige Stelle sendet den Ausbildungsbetrieben Anmeldeformulare zu, die vom Betrieb auszufüllen sind. ☐

7. Was sind im Regelfall die Zulassungsvoraussetzungen zur Abschlussprüfung nach dem BBiG?
(Anzahl der richtigen Antworten: 4)

Zuzulassen ist, …

a. … wer die Ausbildungszeit zurückgelegt hat. ☐

b. … wessen Prüfungsfähigkeit durch eine betriebliche Beurteilung nachgewiesen wird. ☐

→

c. ... wer an vorgeschriebenen Zwischenprüfungen teilgenommen hat. ☐

d. ... wer vorgeschriebene Berichtshefte geführt hat. ☐

e. ... wer vom Prüfungsausschuss die Zustimmung erhält. ☐

f. ... wer zum Termin der Abschlussprüfung volljährig ist. ☐

g. ... wessen Ausbildungsvertrag in das Verzeichnis der Ausbildungsverhältnisse eingetragen ist. ☐

8. Wenn die zuständige Stelle die Zulassungsvoraussetzungen für nicht gegeben hält, wer entscheidet dann über die Zulassung zur Abschlussprüfung?
(Anzahl der richtigen Antworten: 1)

Es entscheidet ...

a. ... die Berufsschule. ☐

b. ... der jeweilige Ausbildungsbetrieb. ☐

c. ... die Bezirksregierung. ☐

d. ... der Prüfungsausschuss. ☐

e. ... der Ausbildungsberater. ☐

9. Unter welchen Voraussetzungen kann ein Auszubildender zur Abschlussprüfung vorzeitig (in der Regel ein halbes Jahr früher) zugelassen werden?
(Anzahl der richtigen Antworten: 2)

Er kann vorzeitig zur Abschlussprüfung zugelassen werden, wenn ...

a. ... allein die Berufsschule zustimmt. ☐

b. ... allein der Ausbildungsbetrieb zustimmt. ☐

c. ... seine Leistungen dies rechtfertigen. ☐

d. ... der Prüfungsausschuss zustimmt. ☐

e. ... dies bereits im Ausbildungsvertrag vereinbart wurde. ☐

f. ... der Auszubildende einen Antrag bei der zuständigen Stelle gestellt hat. ☐

10. Wie setzt sich ein Prüfungsausschuss nach dem BBiG zusammen?
(Anzahl der richtigen Antworten: 3)

Der/Dem Prüfungsausschuss ...

a. ... besteht aus mindestens fünf Mitgliedern. ☐

b. ... wählt aus seiner Mitte einen Vorsitzenden. ☐

c. ... besteht aus der gleichen Anzahl von Arbeitgeber- und Arbeitnehmervertretern. ☐

d. ... gehören Lehrer allgemeinbildender Schulen an. ☐

e. ... gehört mindestens ein Lehrer einer berufsbildenden Schule an. ☐

11. Wann ist ein Prüfungsausschuss beschlussfähig?
(Anzahl der richtigen Antworten: 1)

Der Prüfungsausschuss ist beschlussfähig, wenn …

a. … zwei Drittel der Mitglieder, mindestens drei mitwirken. ☐
b. … ein Drittel der Mitglieder, mindestens zwei mitwirken. ☐
c. … der Vorsitzende anwesend ist. ☐
d. … nur ordentliche Mitglieder an der Prüfung mitwirken. ☐
e. … mindestens zwei Lehrervertreter an der Prüfung mitwirken. ☐

12. Als Ausbilder ist es wichtig, selbst in einem Prüfungsausschuss mitzuwirken. In welcher Form können Sie als ein ordentliches Mitglied aktiv mitwirken?
(Anzahl der richtigen Antworten: 3)

Sie können mitwirken bei der …

a. … Wahl des Vorsitzenden. ☐
b. … Beschlussfassung über das Ergebnis der Prüfung. ☐
c. … Nominierung der Lehrervertreter. ☐
d. … bei der Bewertung der Prüfungsaufgaben. ☐
e. … Wahl der stellvertretenden Prüfungsausschussmitglieder. ☐

13. Welche der folgenden Aussagen zum Prüfungswesen sind allgemein richtig?
(Anzahl der richtigen Antworten: 3)

a. Bei Stimmengleichheit entscheidet das Los. ☐
b. Der Prüfungsausschuss besteht aus mindestens drei Mitgliedern. ☐
c. Für die Abnahme von Prüfungen sind die Berufsbildungsausschüsse zuständig. ☐
d. Der Prüfungsausschuss wählt aus seiner Mitte die Stellvertreter. ☐
e. Die Mitglieder müssen in den Prüfungsgebieten sachkundig sein. ☐
f. Über die Zulassung zur Abschlussprüfung entscheidet die zuständige Stelle. ☐

› Zu Aufgabe 14, 15, 17 und 18:

Die Auszubildenden Mathias und Julian haben am 20.06. ihren letzten Prüfungstag der Abschlussprüfung, an dem auch das Ergebnis bekannt gegeben wird. Das Ende ihrer Ausbildung ist in ihren Ausbildungsverträgen jeweils auf den 31.07. datiert.

14. Der Auszubildende Mathias besteht seine Abschlussprüfung mit sehr gutem Erfolg, was ihm am 20.06. vom Prüfungsausschuss mitgeteilt wird. Wann endet für ihn das Ausbildungsverhältnis?
(Anzahl der richtigen Antworten: 1)

Das Ausbildungsverhältnis endet ...

a. ... sofort am ersten Prüfungstag. ☐

b. ... am Tag der Bekanntgabe des Bestehens der Prüfung. ☐

c. ... am 31.07. ☐

d. ... mit einer außerordentlichen Kündigung. ☐

e. ... mit einer ordentlichen Kündigung. ☐

15. Wie wird die von Ihnen gewählte Beendigungsart bezeichnet?
(Anzahl der richtigen Antworten: 1)

a. Beendigung mit ordentlicher Kündigung ☐

b. Beendigung mit außerordentlicher Kündigung ☐

c. Automatische Beendigung ☐

d. Zweckerreichung ☐

e. Zeitablauf ☐

16. Die Auszubildende Meike hat schon während ihrer Ausbildung Schwächen gezeigt. Sie besteht die Abschlussprüfung nicht. Kann sie die Abschlussprüfung wiederholen?
(Anzahl der richtigen Antworten: 1)

a. Ja, zwei-mal. ☐

b. Ja, drei-mal. ☐

c. Ja, nach Gutachten durch einen schulpsychologischen Dienst. ☐

d. Nein. ☐

17. Auch der Auszubildende Julian hat schon während seiner Ausbildung Schwächen gezeigt. Er besteht die Abschlussprüfung ebenfalls nicht. Muss der Ausbildungsvertrag verlängert werden?
(Anzahl der richtigen Antworten: 1)

a. Nein. ☐

b. Ja, bis zu zwei Jahren. ☐

c. Ja, auch wenn er die Ausbildung nicht verlängern möchte. ☐

d. Ja, auf sein Verlagen hin bis zur nächsten Wiederholungsprüfung, höchstens um ein Jahr. ☐

18. Wenn Julian den Ausbildungsvertrag nicht verlängern möchte, obwohl er die Prüfung nicht bestanden hat, wann endet dann das Ausbildungsverhältnis?
(Anzahl der richtigen Antworten: 1)

Das Ausbildungsverhältnis endet ...

a. ... durch eine ordentliche Kündigung. ☐

b. ... automatisch. ☐

c. ... am 31.07. durch Zeitablauf. ☐

d. ... am 20.06. nach der Prüfung. ☐

e. ... durch eine außerordentliche Kündigung. ☐

19. Unter welchen Voraussetzungen kann ein Ausbildungsverhältnis verlängert werden?
(Anzahl der richtigen Antworten: 2)

Ein Ausbildungsverhältnis kann verlängert werden, ...

a. ... wenn der Auszubildende Angst hat, die Prüfung nicht zu bestehen. ☐

b. ... wenn der Auszubildende es verlangt. ☐

c. ... wenn für eine längere Zeit der Berufsschulunterricht ausgefallen ist. ☐

d. ... wenn der Ausbilder der Meinung ist, dass der Auszubildende wahrscheinlich die Prüfung nicht besteht. ☐

e. ... wenn die Ausbildungszeit z. B. durch Krankheit für eine längere Zeit unterbrochen wurde. ☐

20. Wie kann ein Ausbildungsverhältnis nicht beendet werden?
(Anzahl der richtigen Antworten: 2)

Ein Ausbildungsverhältnis kann <u>nicht</u> beendet werden durch ...

a. ... Zweckerreichung. ☐

b. ... Zeitablauf. ☐

c. ... eine Schwangerschaft. ☐

d. ... eine ordentliche Kündigung. ☐

e. ... eine außerordentliche Kündigung. ☐

f. ... den Tod des Auszubildenden. ☐

g. ... die Inanspruchnahme der Elternzeit. ☐

h. ... einen Auflösungsvertrag. ☐

i. ... eine Anfechtung des Vertrags. ☐

21. Während der Probezeit hat sich Ihr Auszubildender Thomas nicht positiv entwickelt. Sie sind der Meinung, dass er eine nicht ausreichende Neigung und Eignung zeigt, um das Ausbildungsziel zu erreichen. Wie kann das Ausbildungsverhältnis gekündigt werden?
(Anzahl der richtigen Antworten: 1)

a. Fristlos mit Angabe des Kündigungsgrunds ☐

b. Mit einer Frist von vier Wochen und aus wichtigem Grund ☐

c. Außerordentlich ☐

d. Fristlos ohne Angabe des Kündigungsgrunds ☐

e. Durch eine ordentliche Kündigung ☐

f. Mündlich und aus wichtigem Grund ☐

22. Nach Ablauf der Probezeit kann ein Ausbildungsverhältnis auch ordentlich mit einer Frist von vier Wochen unter Angabe des Kündigungsgrunds gekündigt werden. Wer kann diese Kündigung aussprechen?
(Anzahl der richtigen Antworten: 1)

a. Ausbilder ☐

b. Ausbildender ☐

c. Auszubildender ☐

d. Ausbildender oder Auszubildender ☐

23. Der Auszubildende Jens zeigt während seiner Ausbildung immer sehr gute Leistungen. Es ist aber schon öfter vorgekommen, dass er ausländische Auszubildende mit rechtsradikalen Sprüchen verbal beleidigt hat. Nach erzieherischen Abmahnungen scheint Ruhe eingekehrt zu sein. Heute hat er allerdings in der Frühstückspause einen anderen Auszubildenden tätlich so angegriffen, dass dieser im Krankenhaus behandelt werden muss. Können Sie sich von diesem Auszubildenden trennen?
(Anzahl der richtigen Antworten: 1)

Von diesem Auszubildenden können Sie sich ...

a. ... durch eine ordentliche Kündigung trennen. ☐

b. ... durch eine außerordentliche Kündigung trennen. ☐

c. ... ohne eine Abmahnung ausgesprochen zu haben nicht trennen. ☐

d. ... nur nach Anhörung des Ausbildungsberaters trennen. ☐

24. Welche Zeugnisse erhält ein Auszubildender am Ende seiner Ausbildungszeit bei Bestehen der Abschlussprüfung?
(Anzahl der richtigen Antworten: 3)

a. Berufsschulabschlusszeugnis ☐
b. Betriebliches Ausbildungszeugnis ☐
c. Facharbeiterbrief ☐
d. Prüfungszeugnis ☐
e. Kaufmannsgehilfenbrief ☐
f. Gesellenbrief ☐

25. Nach Beendigung der Ausbildung ist der Ausbildungsbetrieb verpflichtet, dem Auszubildenden ein Ausbildungszeugnis auszuhändigen. Auf Verlangen des Auszubildenden muss der Ausbildende ein qualifiziertes Ausbildungszeugnis schreiben. Was muss ein einfaches Ausbildungszeugnis beinhalten?
(Anzahl der richtigen Antworten: 1)

Das einfache Ausbildungszeugnis beinhaltet …

a. … Angaben über die Führung des Auszubildenden. ☐
b. … besondere fachliche Fähigkeiten. ☐
c. … Art, Dauer und Ziel der Ausbildung. ☐
d. … die Abwesenheitstage in der Berufsschule. ☐
e. … die Beurteilung der Leistung des Auszubildenden. ☐

26. Nach Beendigung der Ausbildung ist der Ausbildungsbetrieb verpflichtet, dem Auszubildenden ein Ausbildungszeugnis auszuhändigen. Auf Verlangen des Auszubildenden muss der Ausbildende ein qualifiziertes Ausbildungszeugnis schreiben. Was beinhaltet ein qualifiziertes Zeugnis zusätzlich zum einfachen?
(Anzahl der richtigen Antworten: 3)

Das qualifizierte Ausbildungszeugnis beinhaltet zusätzlich …

a. … Angaben über das Verhalten des Auszubildenden. ☐
b. … besondere fachliche Kenntnisse. ☐
c. … Art, Dauer und Ziel der Ausbildung. ☐
d. … die Abwesenheitstage in der Berufsschule. ☐
e. … die Beurteilung der Leistung des Auszubildenden. ☐

27. Welche besonderen Hinweise sind bei der Ausstellung eines qualifizierten Ausbildungszeugnisses zu beachten?
(Anzahl der richtigen Antworten: 2)

a. Das Zeugnis muss wahrheitsgemäß formuliert werden. ☐

b. Negative Verhaltensweisen müssen als Klartext formuliert werden. ☐

c. Das Zeugnis muss schriftlich erstellt werden. ☐

d. Der Ausbildende muss das Zeugnis nicht unterschreiben, sondern nur der verantwortliche Ausbilder. ☐

e. Unterstreichungen und Hervorhebungen, z. B. durch Fettschrift, sind zulässig. ☐

28. In einem qualifizierten Zeugnis werden üblicherweise Standardformulierungen benutzt, die mit einem Notensystem zu vergleichen sind.

Setzen Sie in das jeweilige Antwortkästchen

eine **1**, wenn die Formulierung einer sehr guten,

eine **2**, wenn die Formulierung einer guten,

eine **3**, wenn die Formulierung einer befriedigenden,

eine **4**, wenn die Formulierung einer ausreichenden, oder

eine **5**, wenn die Formulierung einer mangelhaften Leistung entspricht.

Der Auszubildende hat ...

a. ... die ihm übertragenen Aufgaben stets zu unserer vollen Zufriedenheit erledigt und unseren Erwartungen entsprochen. ☐

b. ... die ihm übertragenen Aufgaben stets zu unserer Zufriedenheit erledigt. ☐

c. ... die ihm übertragenen Aufgaben zu unserer Zufriedenheit zu erledigen versucht. ☐

d. ... die ihm übertragenen Aufgaben stets zu unserer vollsten Zufriedenheit erledigt und unseren Erwartungen in jeder Hinsicht entsprochen. ☐

e. ... im Großen und Ganzen die ihm übertragenen Aufgaben zu unserer Zufriedenheit erledigt. ☐

29. Sie sollen Auszubildende über ihre Fortbildungsmöglichkeiten beraten. Sie haben sich bei einem Bildungsträger an Ihrem Wohnort erkundigt. Dieser bietet folgende Fortbildungen an:

1. Handelsfachwirt
2. Technischer Betriebswirt
3. Bilanzbuchhalter
4. Industriemeister Metall
5. Industriemeister Elektrotechnik
6. Fachkaufmann Personal
7. Fachkaufmann Einkauf und Materialwirtschaft
8. Industriefachwirt
9. Fachkaufmann Marketing/Vertrieb

Ordnen Sie die oben stehenden Fortbildungsmöglichkeiten den dazu notwendigen Berufsabschlüssen zu.

a. Energieelektroniker ☐
b. Finanzbuchhalter ☐
c. Industriekaufmann ☐
d. Industriemechaniker ☐
e. Einkäufer ☐
f. Verkäufer ☐
g. Einzelhändler ☐
h. Personalsachbearbeiter ☐
i. Industriemeister ☐

30. Im Berufsbildungsgesetz wird von der Fortbildung gesprochen. In den Betrieben hat die Weiterbildung einen hohen Stellenwert. Was unterscheidet die Fortbildung von der Weiterbildung?
(Anzahl der richtigen Antworten: 2)

a. Die Weiterbildung ist immer berufsbezogen. ☐
b. Die Fortbildung endet mit einer staatlich anerkannten Prüfung. ☐
c. Die Fortbildung ist nicht berufsbezogen. ☐
d. Das Nachholen von allgemeinbildenden Abschlüssen bezeichnet man als Fortbildung. ☐
e. Die Weiterbildung endet immer mit einer Prüfung. ☐
f. Für Fortbildungsmaßnahmen kann man staatliche Darlehen beantragen. ☐

31. Was wird unter dem Begriff „Gestreckte Abschlussprüfung“ verstanden?
(Anzahl der richtigen Antworten: 1)

a. Die Abschlussprüfung kann sich über Wochen hinziehen. ☐

b. Der Ausbildungsrahmenplan wird zeitlich in die Länge gezogen. ☐

c. Die Abschlussprüfung wird in zwei zeitlich auseinanderfallenden Teilen durchgeführt. ☐

d. Zwischen der theoretischen und der praktischen Abschlussprüfung liegen mindestens vier Monate. ☐

32. Der § 43 des BBiG regelt die Zulassungsvoraussetzungen zur Abschlussprüfung. Welche besonderen Zulassungsvoraussetzungen gelten bei der sogenannten „Gestreckten Abschlussprüfung“?
(Anzahl der richtigen Antworten: 1)

Zum zweiten Teil der Abschlussprüfung wird zugelassen,

a. wer den ersten Teil bestanden hat. ☐

b. wer am ersten Teil teilgenommen hat. ☐

c. wer den ersten Teil mit mindestens befriedigenden Noten bestanden hat. ☐

d. auch wenn der erste Teil nicht absolviert wurde. ☐

Lösungen

1: b, d
2: a, d
3: a2, b1, c4, d3
4: b, c, d
5: a, d
6: e
7: a, c, d, g
8: d
9: c, f
10: b, c, e
11: a
12: a, b, d
13: b, e, f
14: b
15: d
16: a
17: d
18: c
19: b, e
20: c, g
21: d
22: c
23: b
24: a, b, d
25: c
26: a, b, e
27: a, c
28: a2, b3, c5, d1, e4
29: a5, b3, c8, d4, e7, f9, g1, h6, i2
30: b, f
31: c
32: b